Pour Myriam…

LE MAÎTRE DU JARDIN

Dans les pas de Jean de La Fontaine

… en sympathie !

Valérie

du même auteur
au **cherche midi**

Monsieur le député, roman, 2002.
Une histoire française, roman, 2006.
Nuit d'hiver, roman, 2008.
La Fête de l'Humanité, 80 ans de solidarité, album, 2010.
Un homme inutile, roman, *Paroles d'Aube, 1998 – La Passe du vent, 2003 – le cherche midi, 2011.*

EN COLLABORATION :

Un siècle d'Humanité, avec Roland Leroy, 2004.
Un siècle de Vie ouvrière, avec Denis Cohen, 2009.

chez d'autres éditeurs

Dans la folie d'une colère très juste, roman, Messidor, 1990, L'Harmattan, 2000.
Le Hammam, nouvelles, Scandéditions, 1993, L'Harmattan, 1996.
Aragon, la liaison délibérée, 1995, biographie, L'Harmattan, 1995, édition revue et augmentée, 2005.
Aragon, l'inclassable, essai, L'Harmattan, 1997.
Aragon, l'invention contre l'utopie, Bérénice, 1997.
La Revanche de Michel-Ange, nouvelles, La Passe du vent, 2000.
Il faut savoir désobéir, chroniques, L'Harmattan, 2000.
Garder son âme, chroniques, Bérénice, 2005.
Voyage à Assise, récit, Bérénice, 2005.
Vivre intensément repose, nouvelles, La Passe du vent, 2007.

Site de l'auteur : www.valerestaraselski.net

Valère Staraselski

LE MAÎTRE DU JARDIN

Dans les pas de Jean de La Fontaine

Roman

cherche midi

23, rue du Cherche-Midi
75006 Paris
Vous pouvez consulter notre catalogue général
et l'annonce de nos prochaines parutions sur notre site :
www.cherche-midi.com

À Colette Perrault,
ma mère
(1930-2010)

Un sage assez semblable au vieillard de Virgile,
Homme égalant les rois, homme approchant des dieux,
Et, comme ces derniers, satisfait et tranquille.
Son bonheur consistait aux beautés d'un jardin.

Jean de LA FONTAINE
Livre XII, fable XX

Monsieur de La Fontaine était un homme simple et vrai qui sur mille choses pensait autrement que le reste des hommes.

Abbé POUGET, prêtre de Saint-Roch,
confesseur de La Fontaine
dans les dernières années de sa vie

Il n'a jamais dit que ce qu'il pensait, et il n'a jamais fait que ce qu'il a voulu faire. Il joignit à cela une humilité naturelle, dont on n'a guère vu d'exemple ; car il était fort humble sans être dévot, ni même régulier dans ses mœurs, si ce n'est à la fin de sa vie qui a été toute chrétienne. Il s'estimait peu, il souffrait aisément la mauvaise humeur de ses amis, il ne leur disait rien que d'obligeant, et ne se fâchait jamais, quoiqu'on lui dît des choses capables d'exciter la colère et l'indignation des plus modérés.

Charles PERRAULT
Les Hommes illustres qui ont paru en France

Quel écrivain a réuni plus de titres pour plaire et pour intéresser ? Mais aussi quel écrivain est plus souvent relu, plus souvent cité ? Quel autre est mieux gravé dans la mémoire de tous les hommes instruits, et même de ceux qui ne le sont pas ? Le poète des enfants et du peuple est en même temps le poète des philosophes. Cet avantage qui n'appartient qu'à lui seul peut être dû en partie au genre de ses ouvrages. Mais il l'est surtout à son génie. Nul auteur n'a dans ses écrits plus de bon sens joint à plus de bonté. Nul n'a fait un si grand nombre de vers devenus proverbes. Dans ces moments qui ne reviennent que trop, où l'on recherche à se distraire de soi-même et à se défaire du temps, quelle lecture choisit-on plus volontiers ? Sur quel livre la main se porte-t-elle plus souvent ? Sur La Fontaine. Vous vous sentez attiré vers lui par le besoin d'un sentiment doux. Il vous calme, et vous réconcilie avec vous-même. On a beau le savoir par cœur, on le relit toujours, comme on est porté à revoir les gens qu'on aime, sans avoir rien à leur dire.

Jean-François de LA HARPE
Second éloge de La Fontaine

PRINTEMPS

1652
Trente-deux ans,
sur la route de Dammartin,
actuellement autoroute A4

On était à l'extrême du printemps. De partout, des champs, des bosquets et des arbres, s'échappaient caquets, babils, gazouillements, pépiements, ramages et sifflets d'oiseaux que le vent rabattait ou éloignait tandis que les stridulations des premiers grillons se répandaient de lieu en lieu. En un mot comme en cent, la nature alentour faisait plus de bruit que l'armée de Turenne en marche. Sous les yeux des militaires en mouvement se déroulaient des bois, des champs de céréales, des prés, des étendues de raves, des vignobles aux courtes feuilles vertes. Dans ces jolis confins de l'Île-de-France et de la Champagne, les dégâts causés par les bandes de Charles de Lorraine avaient été considérables. C'est pourquoi, en toute hâte, la régente du royaume, Anne d'Autriche, avait mandé le grand Turenne, rallié depuis peu à la Couronne, pour marcher sur le Lorrain. Cela fait, le maréchal de France allait depuis à sa rencontre pour l'empêcher, vers Dammartin, de passer la Marne.

Le voici, Henri de La Tour d'Auvergne, vicomte de Turenne, second fils du duc de Bouillon, prince de Sedan, à cheval au milieu de son armée. Le front haut, sourcils et cheveux noirs, la moustache et la pointe sur le menton à la façon des mousquetaires, le visage fort laid, occupé à débiter du Clément Marot à un jeune homme, son compagnon de route depuis le bourg de Château-Thierry. «Car, quant à parler de beauté, articule-t-il du haut de sa monture, un destrier impétueux alezan dont le poitrail et la croupe sont protégés par une barde de lames de fer, c'est bien la plus belle de France!»

Ces deux-là, qui chevauchent côte à côte, se sont rencontrés à Pontoise, lors des obsèques du duc de Bouillon, seigneur de Château-Thierry, Fréderic-Maurice, aîné du Grand de Turenne. Ce défunt frère avait fini par ramener son cadet de militaire dans le giron du roi de France...

Sous l'influence de son frère donc, Turenne était repassé dans le camp des Français, se réconciliant finalement avec la Cour. Et cela au grand soulagement de la Régente, Anne d'Autriche, qui, dix ans plus tôt, alors qu'il n'avait que trente-deux ans, l'avait fait maréchal de France... Trente-deux ans! L'âge aujourd'hui de son compagnon de voyage à qui il récite, depuis bientôt trois tours d'horloge, quantité de vers de poètes français...

Lorsque ce guerrier illustre avait repris le commandement des armées royales, le Conseil du roi avait retrouvé quelque espoir. Pour tout dire, le crédit de

Turenne à la Cour était immense. Au point que la Régente lui avait même écrit : « Vous venez une seconde fois de mettre la couronne sur la tête de mon fils... »

Quelque temps après la sépulture de feu le duc de Bouillon, le chef militaire revit le jeune homme lors d'une visite à Château-Thierry dans la généralité de Soissons, cette fois. L'ayant dans l'instant reconnu, le maréchal s'approcha, le salua et s'attarda auprès de lui s'entretenant de cent choses en général et de lettres en particulier. Il prit tellement goût à la conversation qu'il reçut favorablement sa sollicitation de suivre, sur quelques lieues, l'armée du roi qu'il commandait et qui se portait au-devant des envahisseurs lorrains.

Ainsi fut fait. Le jeune homme qui se prénommait Jean, fils de Charles de La Fontaine, conseiller du roi et maître des Eaux et Forêts, venait tout juste de se faire agréer lui-même maître des Eaux et Forêts, charge triennale...

Jean de La Fontaine, ayant du nez et abondamment, un sourire timide dans sa bouche grande et bien fendue, se tenait très bien à cheval. Il avait la peau lisse et claire des jeunes gens, la chevelure longue et ondulante, de couleur châtain sous son chapeau de feutre. Sa mise était l'élégance même, comme il sied à ceux de sa génération. Habillé d'un vêtement jaune à revers violets, il arbore un nœud rouge et un rabat de dentelles. Pour l'heure, de son regard bleu sombre, empreint d'un penchant à la méditation, il ne se lasse pas d'admirer son aîné, homme puissant par sa personne que renforce sa réputation d'honnêteté et de droiture, et qui déclame avec discrétion, il est vrai, mais précision et sans omission, des vers de Clément Marot. C'est que Turenne étonne son interlocuteur : il le sait par cœur, son Marot ! Et, pour le reste, sa culture paraît inépuisable.

Le voici parmi la colonne de son armée, régalant le jeune La Fontaine avec la fameuse ballade de frère Lubin et maintes autres écritures quand quelque lieutenant, remonté de l'arrière du cortège au trot et se portant à la hauteur du chef, interrompt l'entretien. Il s'agit d'un officier de la maison du roi, mousquetaire gris, d'après la couleur de son cheval, portant la casaque bleue galonnée d'or et ornée devant et derrière d'une grande croix fleurdelysée en velours blanc. Cependant, sa chevelure rousse qui flamboyait au soleil était la seule chose que l'on regardait de lui.

Soustrait à la conversation, écartant son cheval de côté, Jean de La Fontaine patienta. L'entrevue entre le maréchal et le lieutenant durait. Il eut d'abord son attention attirée par trois buses qui volaient en rond dans un ciel très haut. Sa main en visière, la tête renversée, il scruta longuement la ronde aérienne. Ensuite, il vit une petite troupe de perdrix qui cacabaient parmi des fleurs alors dans tout leur éclat. Puis ramenant son regard sur les fantassins, apercevant les mousquets, les casques, cuirasses et autres plastrons qu'ils portaient, les cordons où pendaient les fourniments, il fut peu à peu rattrapé par de pénibles souvenirs.

Il essaya bien, mais malgré la riante campagne du printemps, les épis d'orge balayés par des souffles d'air tièdes, les haies épaisses et les bocages profonds d'où s'échappaient des escouades de moineaux tapageurs, difficile d'oublier ce qu'il avait vécu ces derniers temps en sa ville natale. Rien qui puisse porter à la gaieté ! Il essaya bien, mais revenaient les ineffaçables images de la guerre où la soldatesque n'estourbissait pas ses pareils mais les simples gens sans défense...

La rage des hommes, cet inexplicable excès qui se transforme en fureur meurtrière, il l'avait découverte il y a quelque temps déjà. Avec les débuts de la Fronde, dès les rigueurs de janvier 1649. Il était alors dans sa vingt-huitième année. Cette guerre de grands seigneurs, avec les troupes de l'archiduc, celles d'Erlach ; cette abjecte loi du plus fort qui se solde par des pendaisons aux arbres et des bastonnades jusqu'à rendre les corps tels des pauvres chiffons sanglants. À quoi avait succédé, en octobre, l'arrivée des contrebandiers aux portes de Château-Thierry. Ces derniers s'y étaient engouffrés et barricadés à l'intérieur de plusieurs maisons où ils s'étaient défendus tout le jour durant contre les soldats du roi. Dans la suite, il assista, impuissant, aux pillages des fermes par les déserteurs affamés quand ça n'était pas les brigands Mâchefer et son neveu Ronge-Meules qui semaient l'épouvante partout où ils passaient. Et puis, comble de malheur, la peste, l'inattendue, tenace et ancestrale peste, qui jaillissait du fin fond des âges noirs et menaçait de mort tout un chacun...

Il y avait eu peut-être une année de répit, oui, et l'horrible cauchemar recommença, une malédiction ! Ces monstres surgis de l'Est, les hommes du Lorrain aux terribles figures, tournoyant sur leurs chevaux dans les rues de Château-Thierry. Ils mirent pied à terre, allèrent chercher l'échevin Étienne de Barry. Ces hommes, car c'étaient des hommes, ces crapules, l'emmenèrent à l'église Saint-Crépin, ils l'attachèrent à l'un des gros piliers en pierre claire et, là, le tourmentèrent pour lui faire dire où était le trésor de la ville.

Les cris qui résonnent à l'intérieur de l'église. L'écho. Fer contre chair... Grands dieux, que ne lui avaient-ils pas fait endurer, ces mercenaires, pour qu'il soit à ce point méconnaissable : espèce de cadavre vivant, horrible reste d'homme de sang noir séché, les viscères ternes et gluants en dehors du ventre, les membres déboîtés, écrasés !

Étienne de Barry, échevin de Château-Thierry, ne lâcha rien. Le calvaire de la loque qui dura plusieurs jours ne servit de rien aux bourreaux. Il ne parla pas... La survie de la ville en proie au bon vouloir des bêtes furieuses : hurlements des suppliciés, les femmes aussi, bruits de mousqueterie et, tout à coup, l'insoutenable silence qui enveloppe Château-Thierry tandis que, hors les murs, l'église des Cordeliers était livrée aux flammes et qu'au loin des volutes de fumée épaisse et noire témoignaient que les hameaux de La Villette et ceux d'Étrépilly n'avaient pas été épargnés.

Chaque nuit était éclairée par l'incendie d'un village, d'une ferme. On rencontrait des gens mutilés, des femmes coupées par quartiers après avoir été violées ; des hommes expirant sous les ruines des maisons incendiées ; d'autres enfin, percés avec des broches et des pieux aigus. Voilà le sort de tout ce qui n'était point assez riche pour payer, ou assez armé pour se faire redouter.

Une éternité de massacres, d'incendies, une perpétuité d'enfer sur terre à l'image de ce jeune chat crucifié sur une porte de l'abbaye du Val-Secret. Un joli chat gris à la tête défoncée à coups de bottes...

Comme les Lorrains s'étaient éloignés pour atteindre La Ferté-Milon, le tout-puissant ministre Mazarin s'était hâté d'écrire : « Ordre à Monsieur Desprez, Bailli de Château-Thierry, de rassembler la noblesse des environs pour empêcher le passage des rivières. » Cela, c'était au début de ce printemps 1652. Charles IV de Lorraine s'en était retourné chez lui. Mais depuis, à l'appel de Condé qui en révolte contre le pouvoir royal assiégeait Paris, ses troupes étaient de retour en France. Traversant la Champagne à la tête d'une armée de soudards, le Lorrain marchait sur Paris. Oui, il marchait mais, cette fois, Turenne fut envoyé.

Le grand Turenne qui, droit sur son destrier, une jeune bête puissante et fougueuse, écoutait le lieutenant à la chevelure rousse. Turenne, dont le jeune La Fontaine connaissait les hauts faits : la prise de Turin aux Espagnols durant la guerre de Trente Ans, la victoire de Nördlingen remportée avec Condé, frère de sa si extraordinaire, si éblouissante belle-sœur, la duchesse de Longueville, Nördlingen qui le vengeait de Marienthal. Et puis le revers de Rethel lorsqu'il était de la Fronde avant que de rejoindre la Régente...

Henri de Turenne donna des ordres brefs, il en avait fini de la consultation avec le mousquetaire à la peau et aux cheveux roux. Et, pendant que ce dernier piquait son cheval, dont les muscles de la croupe roulaient sous la robe grise, pour se porter en avant de la colonne au galop, le maréchal se retourna d'une vive torsion des reins : « Alors, jeune ami, où en étiez-vous ? » Et aussitôt de couvrir le jeune homme de questions quant à ses goûts littéraires premiers. De la bouche de La Fontaine qui avait remis son cheval sur le chemin, timide mais ravi de tant d'attention, coulèrent alors les noms des auteurs et d'ouvrages lus dans la bibliothèque et sur les conseils de son père qu'il trouvait magnifiques.

Le regard concentré, Turenne opinait du chef : les Anciens donc ! L'œil vif, le jeune Jean s'empressa de citer *Perceval le Gallois* et l'*Amadis* mais aussi le *Quichotte et Les Cent nouvelles, Le Décaméron* de Boccace et bien sûr Noël du Fail. Il ne s'arrêtait plus, il voulait tout dire, Guillaume du Bouchet et puis Rabelais et puis Marot, son art de parler aux grands... Ah, et évidemment *L'Astrée,* l'indépassable *Astrée* d'Honoré d'Urfé !...

Au vrai, avoua-t-il, avec une mine resplendissant tout à coup de bonheur, honni soit qui mal y pense, mais *L'Astrée*, il l'avait lue vingt et vingt fois car, pour découvrir le fond de sa pensée, il se plaisait aux livres d'amour. À chaque fois, cela lui tournait le cœur et la tête. Les épaulières de Turenne, qui arborait un constant sourire, reflétaient par instants des éclats du soleil. Se laissant porter par son cheval qui agitait fréquemment l'encolure, Jean de La Fontaine se tut un moment afin de se retrancher dans quelque pensée. Après une respiration, le jeune maître des Eaux et Forêts, dont la voix était devenue plus ample, relata qu'un soir à Château-Thierry, par occasion et avec emphase, un officier en quartiers d'hiver avait lu, devant un petit auditoire dont il était, l'*Ode* de Malherbe sur l'attentat commis sur la personne d'Henri IV en décembre 1605 sur le Pont-Neuf. Et d'en débiter le début : « Que direz-vous, races futures, si quelquefois un vrai discours vous récite les aventures de nos abominables jours ? »

Il raconta à Turenne qu'il avait alors écouté l'*Ode* avec des transports mécaniques de joie, d'admiration et d'étonnement, comme frappé d'un sentiment nouveau. Puis il révéla que, s'y attachant, il avait passé des presque entières nuits à l'apprendre par cœur pour aller le jour la déclamer dans les bois. « Si quelquefois un vrai discours... »

À entendre cette histoire, le maréchal de France eut un commentaire disant qu'il s'agissait sans doute moins d'une rencontre avec la poésie que d'une révélation et d'une exaltation de sa grandeur et de sa puissance. Sentiment que lui, l'homme d'armes, partageait pleinement. Oui, Malherbe louait ses héros en un style superbe. Enhardi par ces propos patentés en même temps qu'entraîné par sa passion renaissante, La Fontaine ne résista pas au besoin de réciter encore : « Aussi l'homme qui porte une âme belle et haute, Quand seul en une part il a fait une faute – sa voix était fraîche, ses lèvres humides – S'il n'a de jugement son esprit dépourvu, Il rougit de lui-même, et, combien qu'il ne sente, Rien que le ciel présent et la terre présente, Pense qu'en se voyant tout le monde l'a vu... »

Caressant de sa main gantée la longue et belle crinière de son alezan, « Les Larmes de saint Pierre », déclara dans l'instant Henri de Turenne qui avait reconnu le long poème de François de Malherbe imité de l'Italien Tansillo. Comme son jeune compagnon, surpris et ému, ne disait mot, il le relança : « Et par la suite ? »

Encouragé de la sorte, La Fontaine osa soutenir son récit... Après avoir porté la soutane des étudiants en droit sur la montagne Sainte-Geneviève avec ses amis Maucroix et Furetière, il avait connu Olivier Patru de l'Académie, certainement l'homme du royaume qui savait le mieux notre langue ! Dans la suite, il s'était retrouvé chez Valentin Conrart, de l'Académie, lui aussi très honnête homme, parrain de jeunes talents. Il y avait fait la connaissance de Pellisson, des frères Tallemant, mais aussi de Charpentier ainsi que de Chapelain, et avait agrégé un cercle d'abord appelé La Troupe puis Les Chevaliers de la Table ronde. Cette sorte d'académie qui se réunissait chez Pellisson avait un président renouvelable et offrait des conférences d'après-dîner. Ainsi, par exemple, lors de la dernière séance, Furetière y avait lu sa satire «contre nos seigneurs médecins qui font mourir des gens très sains». Le rire de Turenne dérangea son cheval qui fit un écart.

«Et pour vous, cette Troupe fut donc un encouragement à faire des vers?» demanda-t-il en ramenant sa monture qui s'attardait maintenant, les narines écartées, à brouter l'herbe des bas-côtés. Rougissant des joues et plongeant soudain du nez, Jean de La Fontaine bredouilla un faible oui et se dépêcha de se justifier: il se savait entraîné ailleurs qu'à l'exercice de la plume et ce, il l'avouait bien volontiers, par sa nonchalance et son goût très prononcé du plaisir. Et que, lorsqu'il lui arrivait parfois de rédiger, il s'attachait à faire des compositions légères et même gaillardes. Comme il n'ouvrait plus la bouche, Turenne le questionna encore:

«Mais aujourd'hui, mon jeune ami?

– Aujourd'hui? Mais aujourd'hui je n'ai rien fait encore! (Une volée de petits oiseaux criards leur passa au-dessus de la tête.) Sinon, aujourd'hui, c'est Pintrel, répondit après un temps d'arrêt et le plus simplement du monde le jeune homme.

– Comment?

– Pardonnez-moi ! Un parent à moi qui est président du présidial de Château-Thierry. Cet homme-là est marié à l'une de mes cousines à qui j'ai montré mes premiers essais de plume.

– Ah, bien...

– Très vite, tout comme mon père, il m'a fait comprendre que, pour me former le goût et sans doute développer mon talent, je ne devais en aucun cas me borner à lire les poètes de notre temps, mais qu'il convenait aussi de lire et surtout relire les Anciens.

– Horace, Homère, Virgile ? débita Turenne d'un trait.

– Oui, et Térence et Quintilien et Ovide aussi ! continua La Fontaine qui s'emballait avant d'ajouter que ceux-là étaient plus simples, plus naturels, moins ambitieux sans doute dans le désir d'orner et de briller que Malherbe. Qu'assurément la beauté ne supportait pas toujours les embellissements ! »

Pendant qu'ils causaient, çà et là dans la colonne des fantassins, des chants montaient. À la suite d'un des leurs qui avait la voix claironnante, des hommes reprenaient en chœur : « Je me suis engagé pour l'amour d'une brune. Je vais dans ce vallon rejoindre mon bataillon. »

Voulant se faire bien entendre de Turenne, La Fontaine haussa le ton :

« Oui, car voyez Horace, par exemple ! Il est partout grand, partout aimable. Il n'ennuie ni dégoûte jamais son lecteur. Ce qui est admirable le plus en lui réside dans cette liberté qui n'est pas assujettie comme la nôtre à mille scrupuleuses maximes. Lui comme Ovide m'ont dessillé les yeux...

– Eh bien, ma foi !

– Oui, j'en suis rendu à la conviction que nous ne saurions aller plus loin que les Anciens, ils ne nous ont laissé pour notre part que la gloire de les suivre.

– Eh bien, voilà qui a le mérite de la clarté ! »

À présent, la voix des hommes était si forte que leurs chants éclipsaient celui des volatiles alentour qui, avec leur œil rond, en paraissaient tout surpris.

Le soleil étant au zénith, l'ordre fut donné à la troupe de faire une halte aux bords d'un étang bien ombragé. Il y avait une étendue d'herbe tout autour sur laquelle se ruèrent les soldats. Là, Turenne prit congé du jeune homme pour vaquer à ses occupations qui – lui révéla-t-il – consistaient en l'examen des renseignements sur les mouvements du Lorrain. La chaleur était devenue si intense que des hommes ôtant une partie de leurs vêtements se rafraîchissaient là où l'on menait boire les chevaux, les uns après les autres. Indolentes, les bêtes s'y rendaient pour s'abreuver longuement. Le maître des Eaux et Forêts y mena aussi son cheval. Rien de plus paisible que ces soldats s'occupant de leurs animaux. Puis, cela accompli, y jetant son pourpoint en drap de Hollande, il s'en alla s'asseoir au pied d'un noisetier auquel il attacha sa monture lui laissant suffisamment de longe pour qu'elle puisse brouter tout son soûl. L'une des branches de l'arbre remuait alors qu'il n'y avait pas une once de vent. « Sans doute à cause d'une source souterraine », hasarda alors La Fontaine. Ensuite de quoi, il huma l'air : la forte odeur des pissenlits, dont le jaune des corolles essaimait partout dans l'herbe drue, lui emplissait les narines. Sous son dos, puissante, remontait la fraîcheur profonde de la terre. Il ressentit alors une soudaine et grande fatigue, papillota des yeux, se dit encore pour lui-même que le sommeil était décidément chose invincible, s'endormit aussitôt et rêva *illico*. Ainsi qu'il le reconnaissait lui-même, son sommeil était toujours bigarré de songes. Il rêva donc beaucoup, là, sous le noisetier, tout à côté de son cheval qui se régalait d'herbe tendre, soufflant et remuant sa crinière et sa queue de contentement...

Que fait-elle donc là à revenir sur les bords de l'étang, cette bergère qu'il a connue il y a fort longtemps ? Son regard marron et tellement doux qui émerge d'une figure blanche pareille à du lait. À peine une toute petite tache de son sur le côté droit. Oh, son regard qui le trouble, ce tendre regard qui plonge dans le sien, de sorte qu'il ne peut y échapper. Il a la chair de poule. Sans doute doit-elle avoir les yeux couleur noisette ! Ce regard de femme le rend l'égal d'une proie. Elle n'est pas belle mais agréable et touchante, blanche surtout et de taille avenante...

Elle n'est vraiment pas belle mais toute l'énergie de son sexe passe dans ce regard qui le fige sur place et lui coupe toute possibilité de parole. Point de réserve entre eux, mais un silence intense. Son corps est tout à coup dépourvu de force tandis que, irrésistible et puissant, le désir monte en lui.

Elle n'est pas belle mais attirante, tout est harmonie en elle et elle possède le secret de lui ouvrir la tendresse. Incroyable, elle n'a pas vieilli, on dirait qu'elle a encore seize ans et le corps aussi flexible ! Ah, mon Dieu, sous son cotillon simple, elle laisse deviner de minuscules appas que la pudeur oblige d'ordinaire à cacher. Les moutons, dont elle a la garde, leur odeur, paissent non loin de là. Mais !... Hélas, que voit-il ! Non, oh quelle malencontre ! Le père, son père est avec elle ! Ah, le barbon* ! Morbleu ! Quelle frustration ! Quelle poisse ! Et voilà qu'il doit bonneter* le paternel et passer son chemin. Il lui faut s'en retourner à contrecœur et à pas contraints. Las, mais cela ne dure que peu et il sourit tout à coup, car il sait qu'il y reviendra le lendemain et que, cette fois, elle sera seule ! Et qu'après les salutations d'usage, choisissant la discrétion d'un bosquet, il aura enfin tout loisir de répondre à l'appel de ce regard. Ensuite, mollement étendus sur l'herbe, ils consumeront ensemble le temps... Oh, ça oui ! Parce que mon destin est tel qu'il faut que j'aime, s'exclame-t-il intérieurement.

Fort heureusement, que la vie offre parfois de bonnes choses, en attendant la bergère, il a rendez-vous ce soir avec Amaryllis ! Le voici ragaillardi tout à fait !

Une charmante créature d'âge mûr et mariée à un barbon fort soupçonneux mais appelé hors de la ville pour affaire. À ce qu'on dit, Amaryllis n'est pas un parangon de vertu ! Mais lui, il s'en moque des on-dit ! Il ne pense qu'à une chose. À ses jolis bras d'ivoire. Et puis, c'est convenu entre eux, elle le guettera la nuit tombée…

Il faisait un frais délicieux et la lune était levée. Lui, quelle sottise, a chaussé ses bottes de cuir blanches à la mode, visibles à deux lieues à la ronde avec la lanterne sourde qu'il tient à la main et ce clair de lune ! Tant pis, il doit s'avancer avec prudence dans les rues en tâchant de ne pas se barbouiller* et en surmontant sa peur des voleurs et des chiens… Ah, voilà enfin la porte, son cœur se dilate et bat la chamade. Il est pressé d'images folles, déjà il imagine, il devine les charmes cachés de son hôtesse. D'avance, il s'illumine des plaisirs annoncés. Prendre un baiser sur sa belle bouche chaude et lui baiser les mains et les pieds aussi… La voix, que dit-elle ? Il ne reconnaît pas la voix de la dame. A-t-il bien entendu ? « Venez demain, on a perdu la clé ! » Le noir se fait dans son esprit. Sans insister, il obtempère et repart. Il est plutôt bonne pâte, La Fontaine. C'est la servante qui a répondu. Oui, c'est bien elle. S'il est plus surpris que déçu, il n'est ni penaud ni découragé. Tout de même, deux fois dans la même journée !

Mais qui ne tente rien n'a rien. Point de fâcherie. Le voici sur le chemin du retour à maugréer pour la forme. Il fera jour demain. Il est comme ça, La Fontaine, pas compliqué pour un sou. Au-dessus de lui, les étoiles brillent d'un or pur et éclatant, se détachant du fond bleu de manière extraordinaire. Mon destin est tel qu'il faut que j'aime, songe-t-il encore, avec un brin de regret, en tâtonnant le bois puis l'huis de la porte de sa maison de la rue des Cordeliers. Ne pas faire de bruit, car son père dort...

Le lendemain, il repart après les douze coups d'horloge de la nuit. Minuit sonnant, le ciel est nuageux. Point de bottes blanches cette nuit-là. La servante, encore elle, tenant une lumière à la main, l'avise que le mari est rentré au logis. Colère et déception se mêlent alors en lui. Il peste intérieurement quelques secondes mais qu'y faire ? La réalité, tel un mur de pierres, se dresse devant lui. Puis, dans un subit mouvement, il se recule pour la mieux voir. La servante. Elle est bien réelle, elle ! Mon Dieu, mais la jeune femme est très jolie ! Et comment s'appelle-t-elle ? Pérette ! Mais c'est charmant ! Son cou si gracieux. Beauté naïve, taille légère, aussi simple que belle. Fraîche et attrayante, sa peau claire. Le timbre de sa voix l'émeut soudain. Je me trompe bien si cela n'est pas beau ! Que cache-t-elle sous sa cotte ? Un trésor assurément.

Une femme, c'est toujours le plaisir de l'harmonie. C'est entendu, elle paiera cette fois pour la dame, se murmure-t-il tout en lui caressant le duvet de la joue. Il ne voit pas ses yeux mais la volupté le gagne avec soudaineté et violence... Mon destin est tel qu'il faut que j'aime...

Là, parmi les hommes de l'armée de Turenne, à plat dos dans l'herbe, tout leur attirail de côté, et dont le sommeil s'était rendu maître, Jean de La Fontaine rêva encore beaucoup. Il rêva que des jacassements d'oiseaux l'avaient éveillé alors qu'il s'était assoupi au pied d'un chêne, face aux remparts qui ceinturent sa charmante ville de Château-Thierry.

Un chêne plus que centenaire qu'il connaît bien. L'air, ce jour-là, est cristallin. C'est jour de printemps. L'impression qu'il ressent est tout à fait gaie et lumineuse. En haut, dressé vers le ciel, le château ducal, en bas la Marne, apaisante rivière d'argent, au loin les collines bleues à force de brumes, forêts et champs qu'il a tant parcourus enfant avec son frère.

Là, sous le chêne ancêtre, dans l'abandon d'une paisible sécurité, il ferme les yeux, plein du souvenir de toute la famille se rendant au domaine familial de Fontaine-Renard lors des vendanges. Bois et ruisseaux, chemins de sable frais et clairière de terre mouillée, à la suite du paternel maître des Eaux et Forêts, capitaine des chasses alors en tournée, les enfants sont à leur place. Où pouvaient-ils être ailleurs que parmi les hautes fougères d'où s'échappent les lapins de garenne, les bordures bosselées des champs d'où s'envolent bruyamment les perdrix cendrées, au milieu de cette nature éternellement calme et mystérieuse ? Là, cachés au fond de cette hutte forestière, la vie de la nature était leur vie.

Le soir s'avançant, voici les deux garçonnets qui, toujours derrière leur père, descendent la rue des Cordeliers puis qui empruntent la grand-rue dans la direction du château, en face de la halle et tout à côté de l'hôtel de ville où d'imposants magistrats barbus s'entretiennent à voix haute mais à demi-mot. L'air est doux dans le crépuscule, à l'intérieur de la halle émerge un entrelacs de fruits et de légumes, de bêtes en plumes ou en pelage, vivantes ou mortes. Des paysannes fatiguées mais énergiques agitent leurs grosses mains brunies. Son regard, comme chaque fois, va droit à l'horloge de la maison Balhan avec sa Sainte Vierge et l'Enfant Jésus, et, au-dessous, cette inscription : *« O Mater Dei, memento mei – Ô mère de Dieu, pense à moi. »* Endormi sous l'antique chêne, il revit par la grâce du rêve cette sortie de messe, devant Saint-Crépin, lorsque, ébloui par le soleil, lui l'enfant de dix ans demeure bouche bée, hébété devant, oui, Sa Majesté le roi et le cardinal ! C'est qu'il les voit pour la première fois ! La toute première fois ! Son père dit que le roi se montre content des chasses de Château-Thierry ! Il est vrai qu'il y sera d'octobre à décembre de l'année 1631, deux mois pleins en 1633 et puis de mai à juin en 1635...

Du reste, comment oublier ces inoubliables départs et retours des chasses royales ? Le cœur du monde, là, devant soi, qui se déplace. Assourdissant bruit de cavalcade, martèlement des sabots ferrés, le sol tremble, le cortège aux riches harnais et incomparables équipages où sonnaient les trompes et les cors passait le plus simplement du monde sous la porte Saint-Pierre pour ensuite rouler dans la campagne. La troupe royale ne tardait pas alors à atteindre la lisière de la forêt et à s'y enfoncer pour disparaître tout à fait, happée par le fond des bois et leur vaste silence. Jean et son frère Claude, accourus depuis la halle, regardaient le spectacle, haletants, des frissons sur la peau. Et puis, ils s'en retournaient s'asseoir sur quelque borne et attendaient avec impatience et saisissement que les chiens au loin poussent de longs abois. Les enfants devinaient à ce moment-là que les larmes du cerf traqué ne sauraient le sauver du trépas...

Chapeau posé en travers de la poitrine, les bras en croix, Jean de La Fontaine dormait de l'écrasant sommeil de la jeunesse. Il ronflait. Rien sur son visage ne laissait deviner son intense activité cérébrale. Alors que, de plus en plus nombreux encore, les hommes de troupe s'étaient assoupis à même l'herbe, surgit en son sommeil un rêve étrange et fort intense. Un loup – l'animal – parlait le langage de l'homme et s'adressait à un autre homme que La Fontaine ne voyait pas mais devinait seulement. Il semblait s'agir d'un des soudards de la bande du Lorrain. « Si j'étais homme, par ta foi, aimerais-je moins le carnage ? Pour un mot quelquefois vous vous étranglez tous : Ne vous êtes-vous pas l'un à l'autre des loups ?... Il vaut mieux être un loup qu'un homme, articulait de manière très compréhensible l'animal...» Percevant ces mots, le rêveur approuva allant jusqu'à s'adresser *in petto* à lui-même dans les termes suivants: Ne calomnions pas les bêtes que nous ne valons pas...

L'émotion l'ayant éveillé, il ouvrit les yeux. Au-dessus de lui, le ciel était encombré de nuages, masses gonflées liserées d'argent. Sombres parfois en leur centre, menaçants. Il releva son corps et se mit debout. Le soleil qui tombait du ciel par de larges trouées jouait parmi les branches et dorait les herbes de la prairie qui jouxtait l'étang ou bien encore les arbrisseaux que l'humidité du lieu rendait fort touffus. Toute cette beauté s'imposa à lui et l'emplit d'une joie simple. Il se souvint de son dernier rêve tout à coup, revit parfaitement en un éclair l'image du loup, regarda autour de lui, vit une pie bien grasse qui sautait dans l'herbe, en portant en avant sa tête, et pensa encore que c'était folie que de ne pas reconnaître la chaîne dont les êtres vivants faisaient partie.

Un vent léger s'était levé. De la moiteur lui couvrait tout le corps. Il se sentait lourd. Aussi décida-t-il d'aller se rafraîchir à l'étang, car l'eau devait être d'une température agréable. Il enjamba des soldats encore prisonniers du sommeil, prenant garde à ne pas buter dedans car il aimait trop dormir lui-même pour ne jamais éveiller quelqu'un.

À peine s'était-il accroupi et avait-il lancé de l'eau sur son visage, ressentant un plaisir intense, qu'une dispute éclata entre deux sergents à moitié nus. À propos de préséance. La fâcherie tournait vinaigre. Et pas qu'un peu ! Deux coqs face à face. De ce qu'on pouvait en saisir, le plus gros des deux affirmait que, arrivé le premier en cet endroit de la rive, il lui revenait de ne pas être dérangé par cet autre qui venait tremper ses pieds trop près de lui. Un attroupement de soldats, la plupart dépenaillés, s'était créé autour d'eux. L'un traitait l'autre de cochet* tandis que celui-ci affublait son collègue du nom de bélître*. Bref, il fallut qu'on les séparât avant que, le sang leur montant trop à la tête, l'un flouet et l'autre gras ne tirent leur épée du fourreau pour se la passer au travers du corps...

Quand, vers les quatre heures, l'armée se rassembla vaille que vaille, se mit en ordre de marche et repartit, la chaleur n'était pas tombée. La troupe progressa à pas lents et lourds tout au long du parcours et ce depuis les quatre heures jusqu'au crépuscule puis sans arrêt jusqu'à une partie de la soirée puisqu'il faisait jour tard. Entre-temps, le ciel avait viré pour devenir laiteux, l'air s'était fait plus pesant et les hommes étaient devenus taiseux. Même les deux sergents, tout à l'heure hors d'eux, semblaient maintenant accoisés*. Plus aucun chant n'animait la colonne où fantassins et hommes à cheval se mêlaient un peu en désordre. De temps en temps, un hennissement se faisait entendre. Et le bruit mat des bottes contre la terre. Plusieurs lieues furent ainsi franchies à travers la campagne. Fort heureusement, le soir, comme un fait exprès, l'orage éclata à l'instant où la troupe avait fini de dresser le dernier bivouac aux abords d'un hameau. La bourrasque ne dura guère mais allégea considérablement l'air, contentant le corps et l'esprit de tout le monde.

Après le souper pris dans une auberge, où l'on mangea et but du vin frais largement, Turenne entraîna son jeune commensal sur un chemin pour une promenade durant laquelle il l'entretint de ce dont il ne parlait habituellement pas. La Fontaine qui avait mangé tout ainsi qu'un autre homme, même un peu mieux, se trouva ravi de l'invitation et écouta. Il lui conta d'abord sa défaite de 1650 à Rethel, lorsqu'il commandait les forces de la Fronde. Au loin, dans l'horizon du ciel, les nuages rougissaient terriblement. Sa voix était bien timbrée, ses paroles dépourvues de vanité et encore moins de vantardise. Sans être lent, son débit était calme. À l'exception de celui, mélodieux, d'un rossignol, le chant des oiseaux avait cessé. Ayant un penchant naturel à entendre raconter, Jean était tout ouïe aux paroles du maréchal. Ce faisant et voyant l'obscurité gagner peu à peu dans le chemin, le vert paraître noir, le jeune La Fontaine ne put s'empêcher de penser : la nuit vient sur son char conduit par le silence.

Ils avançaient droit devant eux. Baissant souventes fois la tête pour éviter le vol rasant de roussettes, le militaire relata aussi son passage dans le camp des Français, sa réconciliation avec la Cour en 1651, à la suite du départ de Mazarin. À une question de son jeune interlocuteur qui le taraudait sur la nécessité de guerroyer, il soutint que cela était en effet nécessaire, qu'il fallait faire aux méchants guerre continuelle. Que la paix était fort bonne en soi, qu'il en convenait ; mais de quoi servait-elle avec des ennemis sans foi ? Et entendant les rires énormes qui sortaient de dessous les tentes où les soldats chopinaient, il ajouta que, en regardant ses hommes, il les voyait marcher, courir même à des morts il est vrai glorieuses et belles, mais sûres cependant, et quelques fois cruelles.

Au-dessus d'eux, le ciel jetait ses derniers feux d'un rouge intense alors que le sombre gagnait partout au sol. Dans la suite, le maréchal évoqua encore Charlotte de Caumont qu'il avait épousée la même année. Puis enfin, quand le ciel fut noirci tout uniment, il révéla qu'enfant il avait été élevé dans un calvinisme austère et ardent et que son père, le jugeant trop fragile de constitution, ne le destinait pas à la carrière des armes...

Ce début de nuit-là, la fraîcheur s'exhalant des herbes et de la terre mouillées, l'odeur entêtante des orties et de la menthe et, plus encore, la récente et franche sympathie de Turenne, son amitié, incitèrent La Fontaine à livrer des bribes de sa vie qu'il n'avait jamais révélées à personne, sauf à son ami Maucroix qui connaissait tout de lui. Ainsi de la congrégation de l'Oratoire où il fut admis en 1641, à l'âge de vingt ans, rue Saint-Honoré. Plein d'ardeur alors, portant petit collet et la barrette de François d'Assise, Jean de La Fontaine s'était donné d'abord à Jésus sans réserve aucune car il obéissait à une vraie vocation ! Les ordres étaient l'apanage des cadets ; contre son père, lui, l'aîné, avait choisi l'adoration de la naissance de la vie et de la mort de Jésus et de la Vierge.

Cependant, la vie réglée de la rue Saint-Honoré ne l'occupa pleinement que peu de mois. On l'envoya à Juilly près de Meaux, chez les oratoriens, afin qu'il continue à se nourrir de silence et de recueillement en vue de sa préparation à la vêture. Il y fut heureux. Tout juste se faisait-il rappeler à l'ordre quand, du second étage, il s'amusait à descendre sa bannette remplie de mie de pain au bout d'une corde jusque dans la basse-cour, afin d'attirer la volaille et rire tout à son aise des mœurs querelleuses et gloutonnes des gallinacés rassemblés pour l'occasion.

En octobre, gagné par l'enthousiasme fraternel, Claude vint rejoindre l'aîné à Juilly. Après toute une année, Jean dut se rendre à Saint-Magloire cette fois, rue d'Enfer, à deux pas de Saint-Jacques et du Val de Grâce, dans l'air le plus pur de Paris, en plein quartier religieux. Et là, le jeune homme reconnut que, dès les premiers cours de théologie et autres spécialisations scolastiques, les problèmes avaient commencé. C'est-à-dire que La Fontaine avait l'esprit fait de telle sorte qu'il lui empêchait de comprendre ce qu'il n'aimait pas.

Au vrai, après le temps de la ferveur, l'espèce d'aridité d'un enseignement auquel il ne se sentait nullement adapté l'avait peu à peu vidé non de sa foi, mais de la vocation à laquelle il avait de prime abord répondu. Bref, à lire et s'escrimer à relire, notamment, la trop abstraite et théorique *Pratique de la perfection chrétienne*, d'Alphonse Rodriguez, le jeune homme convint qu'il ne retrouverait décidément pas les élans mystiques qui l'avaient conduit à entrer au séminaire. Il y avait aussi cette réticence en lui à tomber dans toute pensée captive. Aussi, à bout d'arguments ou de méthode, les professeurs de Saint-Magloire s'étaient à la longue lassés de ce parfait ahuri en la matière et s'en étaient détournés pour de bon. Évidemment, on ne tarda pas à le moquer puis à le mépriser. Et, pour finir, on le mit à l'écart.

Hormis un dénommé Desmares, tous renoncèrent. Ce dernier s'était approché du rétif et avait tenté, lui aussi, de lui enseigner la théologie... et n'y était pas plus parvenu que ses coreligionnaires. Mais en revanche, ces deux-là s'apprivoisèrent peu à peu et devinrent même des amis. En tout cas, l'homme de Dieu avait deviné l'ascendant qui poussait le jeune La Fontaine à faire des vers même lorsqu'il se trouvait en conversation. Après cela, à Saint-Magloire, les choses se passaient comme suit : pendant que l'un était occupé à lire saint Augustin d'un côté de la flamme de la chandelle, l'autre s'absorbait dans la lecture de *L'Astrée !* C'est que Jean avait dévoré l'œuvre d'Urfé jadis mais sans toutefois en comprendre vraiment toutes les richesses. Là, au séminaire, il faut dire qu'il vivait avec intensité les scènes d'amour dans les campagnes exquises décrites à longueur de pages. Toutes ces femmes, véritables coulées de chair blanche, leurs rires tels des colliers de perles, leur tendresse soudaine émergeant dans l'éclat de leurs yeux... Cela avait quelque effet sur sa personne ! En vérité, en face de chaque femme, fût-elle de papier, il éprouvait un sentiment de contemplation et de curiosité...

En peu de mots, Turenne lui fit comprendre qu'il saisissait parfaitement ces choses... La Fontaine reconnut qu'il avait fait pire encore : il s'était laissé aller à écrire des vers sur la manière de prier à l'Oratoire, sur ces dévotions qu'il ne prisait guère, et ce en ne pouvant se retenir de persifler un peu. Les jours succédant aux jours, vint le temps où, à force de veilles passées à lire et à versifier, il se trouva dans l'incapacité de se lever à quatre heures du matin pour l'office. Honnêtement, sans vouloir chagriner quiconque, il n'y pouvait pas grand-chose. Cette manière de vivre qui consistait à suivre cette disposition intérieure s'imposait à lui et en lui. À mesure que les mois passaient, il ne se sentait plus vraiment capable de nuitamment se priver de la lecture des œuvres de ses auteurs favoris.

Cela étant, franc comme l'eau, Jean portait ses aspirations pécheresses devant la grille du confessionnal et faisait tout aussi régulièrement pénitence. Mais rien n'y fit, le jeune homme suivait sa pente qui ne s'accordait pas à la rigueur pratique de la religion. Et il avoua à son compagnon de promenade qu'il s'était rebellé en paroles. «Mais enfin, ils ôtent à nos cœurs le principal ressort», avait-il un soir lancé au père Desmares à l'endroit des théologiens de Saint-Magloire avant que de renchérir: «Pour eux, il faut cesser de vivre avant que l'on soit mort.» Une autre fois, arpentant le déambulatoire, provocateur, il avait déclamé comme au théâtre: «Mais le peu d'amour pour la vie leur nuit en maintes occasions.» S'en était suivi une convocation chez son supérieur, l'austère père Bourboing. Comment l'entrevue se déroula-t-elle? Lequel des deux abdiqua? Toujours est-il que la liberté lui fut rendue sur-le-champ ou à peu près. L'adieu au père Desmares valut pour celui au séminaire de Saint-Magloire.

Ramassant ses affaires à l'intérieur de sa cellule, il y en avait peu, sans oublier son *Astrée*, le jeune homme la quitta définitivement, suivit le déambulatoire, franchit la porte du couvent, passa de l'ombre à la lumière, et se retrouva à fouler le pavé inégal de la rue de la Harpe, l'air du dehors, les bruits, les odeurs, le vertige...

Sous l'amicale insistance de son aîné, il relata encore quelques histoires liées à ses amis François Maucroix qu'il aimait tel un frère et Antoine Furetière pour, comme attiré par un aimant, revenir une fois de plus à l'évocation de *L'Astrée*. Mais, cette nuit-là, le cri répété de la chouette des bois, le coassement des grenouilles et de quelques crapauds ainsi que le très lumineux et magique croissant de lune dans un étang, leur rappelaient que l'heure avançait. Le militaire comme le poète en herbe, ne pouvant plus s'en retenir, bâillaient chacun à qui mieux mieux. De concert, l'un et l'autre se souhaitèrent le bonsoir et décidèrent d'aller s'étendre sous la tente pour dormir tout leur soûl...

Au matin, il fallut repartir. Turenne vers l'est en direction du Lorrain, La Fontaine pour la maison familiale de Château-Thierry où Marie, sa femme, à présent âgée de vingt ans et qui n'en avait que quatorze et demi lorsqu'il l'avait épousée, l'attendait. Chacun convint que, toute méchante que fût leur couche, ils ne laissaient pas d'y avoir passé une nuit fort dense et très douce. La campagne offrait un spectacle étincelant de vie : au sol, la rosée perlait sous le soleil, des brumes blanches s'exhalaient des marécages en étroites nappes et les oiseaux chantaient à tue-tête, certains se lançant dans de longs et solitaires trilles auxquels d'autres répondaient.

Les adieux d'Henri de Turenne ne furent qu'un au revoir et c'est le cœur gonflé de cette nouvelle amitié que Jean de La Fontaine tourna la bride à rebours du cheminement de l'armée. Au dernier moment, Turenne lui débita que son ami Maucroix, dont il l'avait tant entretenu la veille, avait raison quant à sa personne, qu'il était bon garçon, fort sage et fort modeste. Le jeune La Fontaine avait rosi jusqu'aux oreilles et, le voyant, le militaire avait avancé son cheval jusqu'à lui afin de gentiment lui tapoter l'épaule... À cet instant, un courrier passa au galop en criant quelque nouvelle, on le regarda filer, après quoi on se salua une dernière fois et chacun talonna sa monture pour avancer droit devant soi...

Chemin faisant, les vilaines pensées de ce qu'il avait vécu lors du saccage de Château-Thierry, ces derniers mois, lui revenaient sans cesse à l'esprit et, contre sa volonté, s'y fichaient douloureusement. Seul sur son cheval qui trottait, les naseaux au vent, ne croisant que quelque bûcheron et une charrette que tirait un boulonnais écumant, notre homme ne pouvait se déprendre d'une humeur maussade. Aussi, dans le dessein de s'en échapper et de s'en défaire, s'appliqua-t-il dans un premier temps à considérer ce qui se rapportait à ses affaires familiales. Quel que soit le moyen, il lui fallait s'extirper de ces mauvaises pensées et sortir du souvenir de scènes insupportables, traumatisantes. Alors, voyons, Marie Héricart, sa femme, lui avait apporté une dot de trente mille livres, lui offrant des immeubles valant douze mille livres. Sa charge de maître des Eaux et Forêts acquise cette année 1652 – et pour laquelle, en compagnie de Louis Vetier et François Martin, son ami Furetière s'était porté garant en produisant une attestation de bonne vie et mœurs, le reconnaissant « homme d'honneur, de très bonne vie, de religion catholique, apostolique et romaine et capable d'exercer ladite charge, bon fidèle sujet du roi » – lui en avait coûté douze mille.

Puis abandonnant l'emploi des chiffres qu'il ne goûtait guère, défilèrent ensuite en son esprit l'image des fermes de la Tuéterie, anciennement Fontaine-Regnard sur la commune de Chierry, des Aulnes-Brillantes sur la commune de Blesmes, celle de la Motte et de la Trinité sur la commune de Nesle, de la ferme de Dammard, celle de l'Hospice à Oulchy-le-Château... Et non, rien à faire, en dépit de ses stratagèmes pour s'en abstraire, intrusif, insinuant, le souvenir des images macabres liées aux tueries dont il avait été le témoin dans sa chère ville revenait par vagues, l'envahissait tout entier, le tourmentait et finissait par le rendre sombre ! Il repensait à ce qu'on lui avait rapporté : ces deux enfants, dont les parents étaient morts et qui avaient été trouvés en train d'assouvir la faim dont ils souffraient sur le cadavre des défunts. À bout et afin de ne point basculer dans l'abattement, l'idée lui vint d'avoir recours à Saint-Amant dont il se récita à plusieurs reprises les vers : « Non, je ne trouve point beaucoup de différence, De prendre du tabac à vivre d'espérance, Car l'un n'est que fumée, et l'autre n'est que vent. » À entendre sa voix scandant Saint-Amant au-dessus de lui, son cheval dressait les oreilles et des paysans à la figure pâle s'arrêtaient sur le bord du chemin pour le dévisager. Mais La Fontaine n'en avait cure, il récitait Saint-Amant, car il lui fallait se débarrasser du terrible poids du malheur. La compassion pour l'espèce humaine avait en lui pris ce chemin-là : celui de Saint-Amant et de ses pareils.

Fort heureusement, et l'impression laissée par la toute fraîche présence de Turenne et le souvenir des récents propos échangés avec lui firent irruption dans son esprit affaibli et malheureux et eurent pour effet de l'arracher à son accablement. Et, du reste, comment était-elle donc venue leur causerie sur le roi Henri IV? Eh bien sans doute, à l'instar d'une conversation banale, par association. La mère de Jean de la Fontaine, disparue tôt, Françoise Pidoux, qui était la fille d'un médecin des rois Henri III puis Henri IV, lui avait raconté que celui-ci avait donné le fouet à un gentilhomme pour la raison qu'il avait écrasé la tête à un moineau. Jean aimait par-dessus tout cette histoire. La veille, sur la route, Turenne lui en avait conté une autre qu'il se repassait maintenant en boucle car elle lui avait fort plu. La preuve, bercé par l'amble de sa monture, La Fontaine laissait maintenant un sourire errer sur son visage.

Un jour, dans un village, où le roi Henri fut obligé de s'arrêter pour y dîner, il donna ordre qu'on fît venir celui du lieu qui passait pour avoir le plus d'esprit, afin de l'entretenir pendant le repas. On lui débita que c'était un nommé Gaillard.

«Eh bien!» lança-t-il, qu'on l'aille quérir.

Ce paysan étant venu, le roi lui commanda de s'asseoir vis-à-vis de lui, de l'autre côté de la table où il mangeait.

«Comment t'appelles-tu? dit le roi.

– Sire, répondit l'homme, je m'appelle Gaillard.

– Quelle différence y a-t-il entre gaillard et paillard? lui demanda tout à trac le roi.

– Sire, répond alors le paysan, il n'y a que la table entre deux.

– Ventre-saint-gris ! J'en tiens un, s'esclaffa le roi en riant. Je ne croyais pas trouver un si grand esprit dans un si petit village. »

Paupières mi-closes et bouche entrouverte, La Fontaine souriait. La Fontaine s'était passé du baume au cœur, il se sentait plus heureux et se trouvait à présent en mesure de laisser entrer en lui mille sensations charmantes et vagues. Le soleil dardait ses rayons à la fois francs et délicats, il voyait les arbres, les prairies, les champs et les mares, et considérait avec un ravissement certain les toits des clochers et des maisons serrées autour qui luisaient doucement sous la lumière du printemps. À un moment, le murmure de peupliers formant une futaie l'emplit de douceur. Le soleil montant dans le ciel, le temps était devenu radieux, magique. Se sentir vivre suffirait à son bonheur.

Quand il posa le pied à Château-Thierry, Mazarin s'y trouvait. Il apprit que le cardinal avait échappé de justesse à un enlèvement par une troupe ennemie et s'y était réfugié. À la suite de combats dans le faubourg Saint-Antoine et de l'entrée de Condé dans Paris, en vue de ménager la paix souhaitée par les bourgeois parisiens et les parlementaires repliés à Pontoise, Jules Mazarin avait repris le chemin de l'exil. Le 23 août, le cardinal écrivit au secrétaire d'État Le Tellier qui lui était resté fidèle : « Ce matin, à mon réveil, j'ai eu la nouvelle que les Lorrains et les Wittembergs étaient campés à Condé-sur-Marne et qu'ils brûlent tous les lieux où ils passent. »

Les Wittembergs étaient soldats du duc de Wurtemberg, allié de Charles IV de Lorraine.

Manœuvrant de sorte qu'il fit repasser la Marne aux envahisseurs et les reconduisit hors de nos frontières, Henri de Turenne en vint à bout. La Fronde cessa en octobre comme s'achève un déluge de pluie de plusieurs jours laissant derrière soi ravines, ornières et fondrières. Condé quitta Paris tandis que le roi y entrait en vainqueur, bientôt suivi par le cardinal Mazarin. Cependant restait un pays ravagé, marqué du sceau de la désolation, amoindri de ses paysans et rempli de pillards, un pays où les misères seraient longues à guérir. Car les guerres de la minorité de Louis XIV avaient parachevé le désastre. Et Jean de La Fontaine, quant à lui, priait le soir venu pour que le noir démon des combats quittât définitivement sa contrée.

Hélas ! on voit que de tout temps
Les petits ont pâti des sottises des grands.

Les Deux Taureaux et une Grenouille

ÉTÉ

1668
Quarante-sept ans,
jardin d'Orléans à Paris,
actuellement jardin du Luxembourg

« Nous voilà rendus dans un bel état... Et dans quel accessoire* ! »

Des deux externes du collège des Grassins, celui qui venait de prononcer ces mots était le plus petit, un nez fort busqué, des yeux d'eau claire, un regard moqueur. L'autre, qui le dépassait de deux bonnes têtes, fort gras de partout et qui respirait l'assurance et la bonne humeur, lui répondit d'une voix qu'il avait grosse :

« Eh bien, tout beau !... Ne sois pas déshonnête à la fin, c'est toi ! Trois cabarets coup sur coup... : La Pomme de pin, Le Mouton-Blanc, La Croix-Blanche. Tu parles d'une histoire... Encore quelques chopines de vin et on nous prenait pour de véritables biberons ! »

Puis levant le doigt, il se mit en demeure de raconter :

« Dès l'aube, nous voici chez M. Boileau-Despréaux, l'austère et le brusque, rue du Vieux-Colombier, nenni ! Ensuite rue de la Butte, là où demeure Racine, l'éloquent, l'urbain et le gracieux, chez son cousin Vitart, nenni !... »

Comme l'autre, le petit, riait :

« Oh, tu peux glousser, va, tu nous as ensuite traînés jusque chez le sieur Molière, rue Saint-Thomas-du-Louvre et, encore une fois, nenni ! À croire que ça se tient au cul et aux chausses !... »

Son compère s'essuyait les yeux à cause des larmes de rire qui coulaient le long de son nez...

« Et vlà-ti-pas que tu me sors cette lumineuse idée de ton chapeau : Chapelle ! Oui, Chapelle ! Là où il y a Chapelle, on les trouve les quatre ! Et pas moyen que tu sortes de là ! Nous nous y rendons *illico* et, comme il se doit, point de Chapelle dans aucun des cabarets ! Cabarets où les vins, je te l'accorde, étaient du reste fort bons ! Le vin, ce si divin breuvage... Trois cabarets à la suite ! Quelle histoire !... Et tu me dis, chaque fois, un peu de patience, un peu de patience... Là encore, nenni ! À peine sortis tout à l'heure et tu me commandes : allons, vite au palais d'Orléans ! Le bonhomme La Fontaine y officie comme gentilhomme chez la veuve de feu le frère du roi, Gaston. Corbleu ! En plein soleil, après tout ce vin ! Et moi qui te suis ! Corbleu ! Ça, dame, ça fouette le sang ! »

Les deux étudiants, rendus fantasques dans leurs propos par l'abus de boisson, transportaient leur soutane à travers les jardins du palais d'Orléans où ils avaient pu pénétrer librement, le garde leur ayant adressé un simple signe de la main depuis sa guérite.

« Tu veux que je te dise... Tu me déconcertes, mieux tu me déconfis ! Quand je pense qu'on a traversé pas loin de quinze paroisses depuis ce matin !

– Tu sais...

– Non...

– Tu sais, Chapelle, reprit le plus petit, d'une voix qu'on sentait troublée par le vin, c'est pas rien !

– Oh ça, ceux qui le connaissent un peu le savent bien ! D'après ce qu'on en dit, malgré les apparences, Chapelle est un être délicat, enjoué, oui, oui, c'est vrai, un esprit pénétrant, fin, agréable aussi. Et je gage que la nature n'a pas fait une imagination plus vive que la sienne ! Bernier, tu sais, Bernier, a eu à son égard ce mot qu'on rapporte : à l'ombre seule, il reconnaît le fat et le tourne en ridicule. En un mot comme en cent, là où est Chapelle, le discoureur n'ouvre point la bouche et le pédant passe son chemin. »

Qu'en termes appropriés ces choses-là sont dites ! s'exclama, malicieux, son alter ego avant de continuer : En tout cas, en voilà un avec qui aucun de la bande des quatre ne s'aviserait de pontifier. Hé, c'est qu'ils tiennent trop à son œil de lecteur – un œil à nul autre pareil ! –, à ses remarques tout à fait justifiées, aux fautes signalées, les bougres !

Soudain, le plus petit, ne pouvant se contraindre, fut pris d'un fou rire jusqu'au moment où l'autre, gagné lui aussi par l'hilarité, se mit à le questionner en pouffant :

« Mais qu'as-tu donc, âne bâté ! »

Après plusieurs tentatives pour recouvrer son souffle, le plus petit débita :

« Tu sais que Chapelle aime la bouteille !

– Oui, comme toi tout à l'heure !

– Hé quoi ! Que dégoises-tu ! Pareillement à nous, cher ami, pareillement à nous !... Eh bien, gros nigaud, un jour que Boileau l'avait rencontré seul, il entreprit de le sermonner pour le faire renoncer à cette habitude... fâcheuse, tu en conviendras... de s'enivrer...

– Voyez-vous ça ! Un dénommé Boileau en plus ! Le ciel en soit loué !... »

Ayant rattrapé une meilleure faculté de s'exprimer et séchant ses dernières larmes, le plus petit conta que Chapelle avait alors pris Boileau par le bras :

« Vous avez raison, dit-il. Je me corrigerai, mais entrons ici, nous causerons tout à notre aise. »

Il avait alors poussé la porte d'un estaminet. Tous deux s'y étaient installés. Et, se défaisant, Boileau de poursuivre son sermon. Chapelle avait commandé une bouteille, il avait servi Boileau qui discourait toujours, s'était servi lui-même. Ils avaient bien sûr bu cette bouteille mais, par la suite, quelques autres aussi... Et c'est que Boileau-Despréaux, emporté par sa faconde et son zèle, causait de plus en plus. Et que Chapelle l'écoutait, de plus en plus convaincu, consentant à tout ce qu'il lui disait. Tu te doutes...

« Oui, de comment, après bon vin, ont fini les deux sieurs », répondit le plus gros en s'essuyant des gouttes de sueur du front d'un revers de manche et puis en rejetant ses longs cheveux en arrière, un large sourire en travers du visage.

En cet été finissant, parfaitement immobiles dans la chaleur de l'après-midi, majestueux, les arbres du jardin offraient la force éclatante de leur abondant feuillage aux rayons d'un soleil des plus éblouissants. À cette heure, en dépit de la température élevée, toutes sortes de visiteurs s'étaient répandues dans les allées. Dans les zones d'ombre, des dames s'entretenaient depuis l'intérieur de leur chaise à porteurs posée à même le sol. Les deux jeunes gens, quant à eux, marchaient à présent en suivant une colonnade d'ormes et de tilleuls qui donnait sur des bosquets, des gazons, toute une tapisserie de verdure. Çà et là, des feuilles jaune d'or tachaient le vert des parterres. Durant leur déambulation à l'ombre des hautes futaies, les étudiants passèrent près d'un triton de bronze qui lançait un jet d'eau assez mou dans un léger bruit de clapotis. Ils y trempèrent les mains et s'y rafraîchirent assez longuement escomptant de la sorte retrouver leurs esprits. À pas lents, ils reprirent leur promenade. Une paisible agitation se faisait autour d'eux. On entendait juste le chant des oiseaux et souvent leurs disputes perçantes. Sinon, le calme régnait alentour et Paris semblait assoupi.

« Qu'est-ce qui, d'après toi, le rend si aimable ?... »

Et puis, sans attendre de réponse, il débita tout à coup :

« Cent vingt-quatre, rends-toi compte, six livres et cent vingt-quatre fables ! Et l'éditeur annonce tout de bon qu'il en donnera d'autres. Quel tour de force que ce plaisir du cœur et cette satisfaction de l'oreille !»

Ainsi s'exprimait le plus petit des deux collégiens en se passant vivement la main dans les cheveux.

Les deux silhouettes, virgules sombres dans la lumière de l'après-midi, ralentirent le pas jusqu'à s'arrêter devant un des pavillons d'angle du palais d'Orléans. Ils apercevaient le dôme octogonal couronnant la porte principale que gardait un suisse reconnaissable de loin à son habit rouge.

«Vois ce que je te rapportais ce matin, comme ce palais est beau ! articulant cela le doigt levé, le parleur clignait des yeux, admiratif.

– Ça, dame, c'est bien beau, répondit le plus grand en élargissant davantage son sourire.

– Et le plus merveilleux est à l'intérieur ! Par ma foi, tout est boiseries de cèdre sculptées en guirlandes, parquets de marqueterie incrustée d'argent, tapisseries des Gobelins et d'Orient. Et cela sans compter plus avant les tableaux de Rubens et de Champaigne... et de Poussin aussi, qui nous a malheureusement quittés...»

Un coup de vent souleva les soutanes, projeta de la poussière de terre en l'air et remua les feuillages. Un petit chien jappa tandis que sa maîtresse, gracieuse jeune femme qui protégeait son teint par une ombrelle et tenait son chapeau empanaché de rouge, s'adressait à lui en le grondant de sa voix charmante. Les collégiens, qui s'étaient maintenant arrêtés tout à fait, observaient en détail le palais.

«Allons, ne laisse pas refroidir ma curiosité ! Donc, tu me disais tout à l'heure qu'il est...

– ... coupé en deux. À la mort de Gaston d'Orléans, sa veuve, Marguerite de Lorraine, la sœur du terrible Charles IV de Lorraine, est venue s'y installer avec ses filles. Or, la Grande Mademoiselle, fille d'un premier lit de Gaston, a, comme il se doit en pareil cas, réclamé sa part. À la fin des fins, comme l'une et l'autre exigeaient à toute force une séparation sauvage de leurs lots respectifs, la duchesse douairière, toute Marguerite de Lorraine qu'elle est, s'est trouvée dans l'obligation de faire de la place à sa belle-fille, la Grande Mademoiselle.»

N'hésitant pas à indiquer de la main les diverses parties du palais, le plus petit expliquait :

«La Grande Mademoiselle, là, tu vois, a obtenu la moitié qui donne rue de Médicis et il est resté à la douairière celle qui est du côté de la rue de Vaugirard.»

Un vent léger s'était levé et soufflait à présent, rafraîchissant l'air. Ils respiraient mieux. Peu à peu, arrivée on ne sait d'où, le jardin s'emplissait d'une foule composée de la meilleure société. Indifférents à ces mouvements, nos deux jeunes gens poursuivaient leur échange en s'émerveillant de l'architecture du palais d'Orléans. Sur le sujet, les collégiens étaient en verve et pour tout dire intarissables.

«Tout cela est beau, mais crois-m'en, d'après ce que j'en sais, ce n'est pas tous les jours fête! Et ça n'est rien de le dire! Tu sais combien les haines de femme sont violentes!...

– Mais encore?...

– Eh bien, c'est que la Grande Mademoiselle n'est plus aussi altière que dans sa jeunesse.

– Pourtant elle pourrait! Elle en a les moyens, il se répand dans tout Paris que c'est l'une des plus riches héritières de France...

– D'Europe, cher ami, d'Europe... mais cette Mademoiselle d'aujourd'hui n'est plus la duchesse de Montpensier d'antan! Ça non, elle n'est plus cette même personne en qui logeaient tant d'appas et qui tournait la tête de tous les beaux messieurs.»

Et il ajouta plus bas:

«Elle s'est passablement aigrie à cause de plusieurs mariages manqués.»

Se recueillant dans l'écoute, son voisin remuait la tête d'un air entendu.

«Et, quant à Marguerite, elle est devenue vieille avant l'âge! Ça n'est rien de le dire. La dame traîne ses vapeurs tout au long de la journée. Parbleu, il faut reconnaître aussi que, depuis la mort de sa seconde fille, elle s'est plongée dans une dévotion des plus étroites. Je te dirais que le père Bataille n'y est pas pour rien! Un ancien capucin qui est à demeure et exerce une véritable tyrannie non seulement sur elle, mais sur tout son entourage!»

Un vent continu occasionnait à présent des courants d'air bienfaisants. Parlant, ils y offraient leurs visages.

« On m'a rapporté que Tallemant des Réaux dit d'elle que c'est une pauvre idiote. Je crois, pour ma part, que la vieille carne est très simplement malheureuse. D'autant que sa fille aînée, la duchesse de Toscane, ne s'entend guère avec son mari. Il y a bien mademoiselle d'Alençon, sa dernière qui n'est pas mariée, mais, en plus d'être bossue, elle offre un caractère éteint et triste.

– Eh bien, de la sorte, le tableau est complet !... C'est l'ordinaire des malheureux d'interpréter toutes choses sinistrement. Cherche pas, l'ami, c'est dans *Les Amours de Psyché* ! Mais qu'est-il allé se fourrer dans cette galère ?

– Tu ne crois pas si bien dire, l'ami ! Car figure-toi que dans le tableau, précisément, j'ai oublié quelqu'un. Oui, j'ai omis la marquise de Cressé, cette véritable furie enfiévrée par les procès qu'elle intente de toutes parts. Et, d'après mes sources, cette fois-ci, c'est celle-là même dont Racine a fait modèle avec Mme de Pimbêche dans *Les Plaideurs* qui sera bientôt donné.

– Eh bien, mon vieux... Quelle triste tristesse !... Que fait-il dans ce capharnaüm ?

– Il subit, il subit, mon vieux. Que veux-tu qu'il fasse d'autre ?... soupira son compagnon. Tu vois que notre poète a vraiment de quoi s'amuser !... »

Tout près d'eux passa un conseiller au Parlement qui affichait un air impassible alors qu'un jeune garçon portait la traîne de son habit. Se déplaçant avec une lenteur calculée, il n'en finissait pas de franchir le jardin. Quand ce dernier fut éloigné, pouffant de rire, le collégien murmura :

« Regarde-le se panader avec son habit celui-là, on dirait une oie ! Pardon, un jars ! »

Et puis tout à trac, se tournant vers son condisciple, il demanda :

« Mais, au fait, à laquelle va ta préférence ? »

Pour toute réponse, il fit entendre une voix chantonnante :

« Maître Corbeau sur un arbre perché...

– Tenait en son bec un fromage », continua le second en jouant au comédien avant que de commenter :

« Assurément, celle-ci est très bien !... Quelle trouvaille, ces animaux, quand même !

– Enfin, c'est Ésope ! » lança le plus grand qui ne se départait pas d'un sourire continuel qui lui donnait un air satisfait.

Comme il s'était déplacé de quelques pas afin de s'approcher d'un arbre pour s'y mettre au plein milieu de l'ombre en entraînant après lui son compagnon, ils se turent un instant. Puis, sans acrimonie mais avec une fermeté certaine, le plus petit répliqua sur un ton devenu sérieux :

« Tout doux ! Si je puis me permettre, ça n'est plus tout à fait Ésope, ou alors de loin, et je dirai même que c'est de La Fontaine, un poète véritable ! Ces ouvrages sont vraiment solides et d'une souveraine beauté.

– Mais...

– Mais, mais, mais... Tout doux, t'ai-je dit ! Il n'y a point en la circonstance de mais qui tienne ! Toi qui te dis mon ami, écoute un peu ! »

Et sans jouer cette fois, il débita d'une voix encore embarrassée de boisson de vin mais douce et assurée :

« Qu'un ami véritable est une douce chose ! Il cherche vos besoins au fond de votre cœur ; Il vous épargne la pudeur de les lui découvrir lui-même. Un songe, un rien, tout lui fait peur quand il s'agit de ce qu'il aime. »

Surpris sans doute et touché sûrement par la chute de la fable des *Deux Amis,* le gaillard quitta son sourire et demeura les lèvres closes. Et chacun se tut l'espace d'un moment.

Des nuages se déplaçant dans le ciel projetèrent tout à coup sur le sol une ombre profonde qui atteignit et enveloppa la façade du palais puis le palais lui-même.

« Qui ne voudrait être l'ami de l'homme qui a fait la fable des *Deux Amis* ! assura le plus grand des collégiens, rompant de la sorte le silence qui commençait à durer, avant de questionner : Mais quand est-il donc entré céans ?

– Mon père m'a rappelé que la duchesse douairière avait signé le brevet de gentilhomme servant, qui a donné à La Fontaine entrée dans sa maison, en juillet 1664. Si je sais bien compter, il y a quatre années donc.

– L'année de...

– De ?... »

L'externe s'exprima à voix basse :

« Monseigneur ! Plût au ciel ! L'année de la condamnation du surintendant... de Fouquet !

– Oui, chuchota son condisciple qui, avec une mine volontaire, s'était mis à se ronger les ongles. Notre poète a reçu son brevet de gentilhomme l'année où Colbert a accédé au poste de surintendant des bâtiments ! Celle où l'on a vu la dispersion des religieuses de Port-Royal-des-Champs. Et la peste revenir à Londres !

– Ah oui... mais dis-moi un peu, au juste, gentilhomme servant ? Qu'est-ce que cela signifie vraiment ?

– D'après ce que m'en a rapporté mon père, ses fonctions consistent à porter les plats.

– À porter des plats ! Cela est-il vrai ?

– Moins fort, on va nous entendre.

– Mais, mais comment peut-il, comment accepte-t-il ?

– Grosse bête, il en va de même à la Cour. Il n'y a que toi pour ne pas savoir ça ! Et, pour lui, c'est grâce à ça qu'il est devenu gentilhomme, noble par conséquent..., répondit en murmurant son camarade qui précisa encore : à cause d'un mauvais procès. Oui, on l'avait assigné parce qu'il s'était laissé indûment donner le titre d'écuyer. Et on l'a donc soupçonné de ne pas vouloir s'acquitter de la taille. Il a fort heureusement eu le réflexe d'appeler les Bouillon au secours. Et il a bien fait ! C'est la duchesse en personne, nièce de Mazarin, qui est intervenue pour lui obtenir cette charge... C'est que la duchesse est non seulement suzeraine de Château-Thierry, mais en outre elle est la sœur du duc de Nevers qui n'est autre que le propre gendre de la sœur de la Montespan, Mme de Thiange !... Tu me suis ?

– Je crois que oui.

– Mais notre homme reste, enfin, il n'est de service que le jour et a de la liberté par le fait qu'ils sont plusieurs, je crois.

– Plusieurs ?

– Oui, un certain nombre, une petite dizaine à ce qu'on m'en a dit, à se partager la tâche de porter les plats et d'exécuter des commissions. »

Il fit une mine et surjoua le quidam excédé.

« Sache, bourricot, que le maître d'hôtel préside, l'épée au côté et serviette sur l'épaule. Il convient que ta caboche comprenne que les gentilshommes servants ont au-dessus d'eux les premiers gentilshommes, les chambellans, les gentilshommes de la chambre, les ordinaires et tous les maîtres d'hôtel ! Comprends-tu ? Même les porte-chaise d'affaires sont mieux rétribués !

– Les porte... tu veux dire pour... pour les selles ? »

L'autre acquiesça d'un signe de tête.

« Ben, mon vieux !...

– Cela étant, reprit le collégien, il n'est pas toujours de service. D'après ce qu'on m'en a dit, il doit demeurer présent pendant la durée du repas. Comme à la Cour, ni plus ni moins. Du reste, il ne loge pas là... Et sache également que, en sus, il continue d'exercer ses charges de maître des Eaux et Forêts.

– Donc, il n'est pas sans cesse...

– Non, je te l'ai dit, ils sont une petite dizaine à peu près à prendre part à cet emploi : servir et faire des commissions hors le palais si on leur prie. Chacun n'est pas toujours de service. De la sorte, notre homme a le loisir de temps à autre de s'échapper dans sa bonne ville de Château-Thierry.

– Ça, dame, ça doit l'aérer un peu !

– Oui, car enfin, avec le père François de Batailler, évêque de Bethléem, s'il te plaît, qui régente tout, jusqu'aux repas qu'ils prennent, c'est plutôt régime de couvent... Alors que dans l'autre moitié du palais, on vit comme il sied aux personnes de haut rang, on s'amuse tant et plus... »

Le ciel se dégagea peu à peu des nuages qui filaient vers Notre-Dame, le vent tomba d'un coup et un soleil moins agressif réapparut sur le jardin et le palais, rehaussant la majesté des lieux.

« Peut-être aurons-nous la chance de l'apercevoir ? »

Il avait parlé dans un filet de voix.

« S'il est là...

– Nous avons bien réussi à nous rendre jusqu'ici. Attendons s'il le faut jusqu'au soir, nous verrons bien. Et puis, les nuits d'été sont grandes !...

– Mais nous ne l'avons jamais vu, comment le distinguer ?

– Oh, cela se reconnaît tout de même, un poète !

– Ah, fort bien, si tu le dis ! »

Au loin, couvrant la rumeur de la ville, les cloches des couvents sonnaient les vêpres. Puis tout près, la cloche des chartreuses dont le bourdon était grave résonna à son tour assez lentement. Venant de la grande allée, un gentilhomme les croisa tout près, à les frôler – un plumet*, l'épée au côté, se dirigeant droit vers le palais, d'un pas décidé. La taille haute, excessivement propre et coquet. Le suivant des yeux, ils le virent emprunter le chemin de la grande porte pour se présenter au suisse qui gardait l'entrée et disparaître aussitôt à l'intérieur de l'édifice.

«Pour moi, j'ai dans l'esprit qu'il est un homme de grande volonté. Et cela doit se voir rien qu'à son visage! Tu ne crois pas? Il n'est qu'à lire ce qu'il a ajouté à la traduction dans sa *Vie d'Ésope*: "Son âme se maintint toujours libre et indépendante de la fortune..."

– Ça, il est vrai qu'il est constant! Pour le surintendant Fouquet, il a été un des rares avec Pellisson à oser élever la voix! Et si La Fontaine n'a pas eu à subir cinq années de Bastille comme Pellisson pour ses *Trois discours*, son *Ode au Roi* appelant à la pitié en faveur du surintendant lui a sans doute valu quelque temps d'éloignement à Limoges avec son oncle Jannart. En tout cas, il est depuis bel et bien rayé de la liste des pensionnés du roi!»

Après un moment passé à arranger sa soutane, il reprit son discours:

« Sais-tu que Paul Pellisson a composé, dans sa prison, sans papier ni encre mais avec des petits morceaux de plomb qu'il prenait aux vitres de sa chambre, un poème de treize cents vers !...

– Mais le roi ne l'a-t-il pas amnistié et rappelé auprès de lui il y a peu ?

– Si fait... »

Le plus petit des externes bâilla à plusieurs reprises en n'oubliant pas de s'excuser à chaque fois. Une troupe de filles de la Charité en coiffe blanche très simple et robe grise, se rendant à quelque visite, accapara toute leur attention. Les religieuses s'en allaient à petits pas pressés vers les jardins de la Chartreuse qui jouxtaient ceux du palais d'Orléans. Les deux garçons s'employèrent à dévisager les plus jolies. Quand il en eut assez, se retournant, le plus fort articula :

« Mais on m'a conté qu'après sa dédicace au Dauphin... »

Il ne put achever son propos car son compagnon avait eu un geste nerveux et lui avait donné du coude dans le ventre. Un homme emperruqué, son chapeau à la main, sortait du palais en saluant le suisse.

« Ah mais, en voilà un qui est un habitué ou bien je me trompe ! Il est élégant et fort beau. Il n'a point d'épée mais ce doit être un marquis ! Le bonhomme a plutôt l'air aimable. Allons lui mander si notre auteur se trouve dans les parages... Qui sait ?

– Tu crois, souffla le plus gros, irrésolu. Crois-tu vraiment que...

– Allons incontinent*, te dis-je ! Le voici qui vient vers nous. C'est le ciel qui l'envoie ! »

De la sorte, le plus petit devant, l'autre derrière, les externes s'avancèrent vers l'homme qui se déplaçait d'un pas nonchalant, la tête baissée, l'air absent ou plutôt employé dans quelque pensée. Son pourpoint de couleur bleu tendre s'alliait à sa culotte qui, elle, tirait sur le bleu roi, ainsi qu'à ses bas, bleus eux aussi. Lorsqu'il releva la tête, il se trouva nez à nez avec les deux compères en soutane. À la façon dont les collégiens bredouillaient leurs paroles, à leurs joues qui devenaient rouges au moindre mot, le quidam vit tout de suite leur témérité, leur air embarrassé, leur jeunesse. Que voulaient-ils donc au juste ? Savoir si M. de La Fontaine se trouvait céans* au palais. Le gentilhomme s'était redressé, les avait fixés de ses yeux bleus pour leur répondre que non et avait ajouté que M. de La Fontaine était à cette heure certainement arrivé à Chaury, enfin à Château-Thierry, vu qu'il était parti le matin même. Il s'y était rendu pour sa visite générale des forêts, bois et buissons et des rivières, état des pêcheries, étangs, péages et le reste aussi. Et ce, pour constater les ventes de futaies et de taillis, l'état, l'âge et la qualité des bois, l'état des fossés, chemins, bornes. Et qu'il devait en outre surveiller les gardes, les riverains, marchands de bois, bûcherons, ouvriers et voituriers. Sous son chapeau, sa perruque à la binet, soyeuse et de qualité, pourvue de longues mèches brunes, luisait au soleil, renvoyant parfois des reflets fugaces.

Devant leurs mines déconfites, il leur avait débité que, étant lui-même gentilhomme servant chez les d'Orléans, il devait sans plus tarder se rendre jusqu'à la porte Saint-Michel pour une commission dont on l'avait chargé. Une fois cela prononcé, il passa son chemin, se dirigeant vers les grilles d'entrée, puis après quelques pas s'arrêta, sembla se raviser et revint vers les écoliers. Ces derniers s'étaient portés à sa rencontre. Arborant un air à la fois contraint et serviable, il s'éclaircit la gorge et leur demanda à peu près ce qu'ils voulaient savoir de leur idole...

Après un moment d'étonnement, l'incarnat lui montant une fois encore aux joues, le plus grand ouvrit la bouche pendant que son voisin, de manière tout inconsciente mais minutieuse, continuait de se ronger le bout des doigts.

« Oh, monsieur, nous vous serions très obligés ! C'est beaucoup de bonté à vous de vouloir...

– Dites-moi un peu...

– Comment est-il ?

– Ma foi, répondit-il en riant de toute sa figure et en ôtant son chapeau qu'il garda à la main, le plus simple des hommes ! Que vous dire d'autre ? s'interrogea-t-il, en s'assurant furtivement que sa perruque tenait bien en place. Bien sûr, le prodigieux succès des fables le rend heureux, ajouta-t-il après un temps. Depuis deux mois, je puis dire qu'il est manifeste que tout lui rit sous les cieux et que, pour sa personne, le monde entier est plein de délices. Mais, croyez-m'en, cela ne l'empêche nullement de passer les plats à la vieille Madame...

– On dit que le roi l'a reçu !

– Ah...

– Oui, car il n'a pu dédier son ouvrage à Monseigneur le Dauphin qu'avec le consentement du roi ! N'est-il pas vrai ? Du roi qui, pour l'occasion, a dû oublier Fouquet et a renoncé à suivre Colbert !

– Certes.

– Et quand le livre a été frappé aux armes du Dauphin, l'auteur se devait bien d'aller le présenter lui-même à Sa Majesté ?

– Poursuivez, poursuivez... » invita le gentilhomme qui changea de pied d'appui.

Vif et emporté, le plus grand qui parlait d'abondance depuis le début continua :

« On m'a rapporté (il se tourna vers son compagnon qui, avide de nouvelles, clignait des yeux) qu'après avoir loué une voiture place du Palais-Royal le roi l'avait reçu avec une bonté dont, malgré sa distraction, le sieur de La Fontaine avait été forcé de s'apercevoir. »

Laissant ses doigts en suspens devant sa bouche, le plus petit approuvait par des hochements de tête que renforçaient ses clignements d'yeux.

« On dit encore, reprit-il en s'essuyant furtivement de deux doigts les commissures des lèvres du pouce et de l'index, que Bontemps, le premier valet de chambre, chargé d'en prendre soin, lui avait fait voir les appartements et les jardins annonçant à tous les seigneurs qu'il rencontrait: "Messieurs, voilà M. de La Fontaine." On relate encore que la promenade fut suivie d'un grand dîner et le dîner d'une bourse de mille pistoles offerte par le roi... On indique aussi que le sieur de La Fontaine a oublié sa bourse dans sa voiture du retour et qu'il s'en est aperçu après être descendu à la porte des Tuileries et avoir payé son cocher, qu'il s'est rappelé par bonheur le signalement des deux chevaux, qu'il a couru, interrogé tous les fiacres de la place du Palais-Royal et qu'il a enfin retrouvé non sans peine les deux chevaux, le fiacre, le cocher ainsi que la bourse qui avait glissé derrière un coussin... »

Tenant immuablement son chapeau contre sa cuisse, l'homme qui avait écouté ce récit, sans un mot ni un geste, dardait son regard bleu sur les jeunes gens. Il alterna de nouveau de jambe d'appui et répondit d'abord que tout cela était fort intéressant mais assura néanmoins que le gentilhomme de La Fontaine ne lui avait rien narré de la sorte. Et il ajouta ensuite, un peu plus bas, aux collégiens qui paraissaient ne pas en revenir, que ses fables, selon lui, concouraient davantage à ravir ses congénères qu'à œuvrer à la gloire du monarque. Et qu'il savait, en revanche, que le sieur de La Fontaine était exclu de la liste des gratifications aux écrivains français. Que si Chapelain, le préposé aux pensions, l'avait hautement félicité pour ses contes, allant jusqu'à le comparer au grand Boccace, il ne l'avait point pour autant inscrit sur la liste.

«Oh, sans doute, continua-t-il, Chapelain n'était pas en mesure de faire autrement car Colbert, cela était connu, avait résolu une bonne fois pour toutes de ne jamais attribuer de récompense aux anciens amis du surintendant Fouquet!»

Ces propos avaient été prononcés sur un ton mesuré car l'homme parlait bellement*.

À présent, bouche entrouverte, les deux externes écoutaient avec grande émotion le gentilhomme qui racontait encore que le sieur de La Fontaine lui avait présenté, il y avait deux ans de cela, une lettre de remontrances de Colbert qui l'invitait à faire preuve de plus d'autorité sur ses subalternes et à rechercher les malversations et leurs auteurs. Il ajouta encore que, depuis qu'il était parti pour Vincennes puis Saint-Germain et enfin Versailles, le roi disait, à qui voulait l'entendre, ne pouvoir souffrir les gens qui se plaisaient à Paris. Ce qui était précisément le cas du sieur Jean de La Fontaine. L'homme s'interrompit, jeta un regard circulaire alentour puis attrapa un sourire gracieux, débitant à voix plus basse à ses vis-à-vis:

«Je m'assurais qu'il n'y ait aucune mouche dans les parages. Mais, à cette heure, elles sont toutes agglutinées au Pont-Neuf. Ici, en France, quoi qu'on fasse, les opinions sont entièrement libres. Il convient simplement d'être prudent. »

Puis, agitant légèrement son chapeau et haussant sa voix, il articula :

« Allez, je le connais bien, du moins je le crois, si notre ami, comme tout homme de bien et d'esprit, n'est pas insensible aux honneurs, il ne voit en définitive que par ses ouvrages. Je puis vous l'assurer ! Et gageons que, sans l'apport de ses livres quant à son âme mais également rapport à sa bourse, il souffrirait le diable. »

Devant l'expression d'incrédulité que lui opposaient les deux garçons, il remua la tête, faisant glisser les boucles de sa perruque.

« Qu'est-ce à dire ? interrogea le plus petit qui avait cessé de se rogner les ongles dans l'attente d'une réponse.

– Eh bien, déclara le gentilhomme, que l'argent est sur tout chose nécessaire et que son titre dans cette maison, d'où je sors et où j'ai l'honneur de servir également, n'apporte que quelques revenus aux siens qui sont à présent très maigrichons.

– Ah, ah bon !

– Oui, jamais plus de deux cents livres par an, avança l'homme sur un ton dégagé.

– Deux cents livres ! s'écrièrent les externes dans un même souffle.

– Mais... le régent de notre collège en touche quatre cents ! Et encore sans compter les élèves !... Et lui, l'auteur de... Deux cents livres par année ! » lança le plus petit sur un ton aussi surpris qu'indigné.

Les révélations du gentilhomme avaient produit un gros effet sur les écoliers qui demeuraient muets et s'entre-regardaient en ouvrant de grands yeux et en se livrant à force mimiques. Les externes ne pipant mot, il articula encore :

« Mais qu'importe, il est comme ses amis Molière et le tout jeune Racine, je vous l'assure, un infatigable écriveur. Car, quand il ne rédige pas, il lit. Mais n'est-ce pas cela les lettres, une chaîne qu'il convient de maintenir à travers le temps ? Faites votre pouvoir* et lisez ou relisez la préface à son livre de fables, commenta-t-il encore de manière qu'on crût qu'il pensait à haute voix, en assurant tailler dans le bien d'autrui aussi bien que dans le sien propre, il ne déclare assurément pas autre chose... »

Il arrangea son pourpoint d'une main agile puis articula soudain cette parole :

« Qu'est-ce donc que ces fables à la fin que tout le monde s'arrache, sinon un défi de forme sur des écrits rendus à toute l'étendue de la vie d'aujourd'hui ! »

L'extrême diversité et le mélange des tintements des cloches de la ville qui sonnaient l'Angélus emplissaient à nouveau l'espace, procurant une sensation de bien-être. Débarrassé de la grosse chaleur, l'air paraissait s'alléger quelque peu. Le soleil obliquait dans le ciel. L'œil tout à coup étincelant, l'homme fixa son regard sur un point. Les collégiens tournèrent la tête afin de découvrir l'objet de cette soudaine curiosité. Il avisait une servante qui portait un panier de linge sur le côté. Elle avait de la jeunesse, de la beauté, de la délicatesse. Sa blondeur attirait puis retenait les regards. Ses rondeurs aussi. Marchant, elle arborait un gracieux maintien.

« Dieu, quel beau corsage ! » murmura le gentilhomme-servant en remuant son chapeau.

Puis, revenant vers les jeunes gens, il plissa les yeux et déclara d'une manière qu'il voulait complice :

« Tout est mystère dans l'amour... Fort heureusement qu'il nous reste, pardon, que nous avons cela ! Ainsi que l'assure le sieur de La Fontaine : À qui donner le prix ? Au cœur, si l'on m'en croit. Et bien que – vous l'apprendrez toujours assez tôt – les plus grands de nos maux soient les rigueurs de nos belles. C'est ainsi. Mais soyez tout de même amants car vous serez inventifs !... »

Tout près d'eux, derrière le rideau d'arbres, et à plusieurs reprises, s'éleva le cri d'un vidangeur qui passait rue de Médicis et s'époumonait en égrenant : curer les puits...

Le plus petit, d'abord incertain, finit par risquer une question :

« Mais, ces fables, vous a-t-il dit quand lui en était venue l'idée ?

– Ma foi, c'est assurément au château de Vaux-le-Vicomte, au moment de sa splendeur. Voyez *Le Songe de*

Vaux et ses animaux. À ce propos, le sieur de La Fontaine m'a souvent assuré être parti de loin ! Comptez, plus de vingt ans... Rendez-vous compte ! »

Réagissant à leur air surpris, il avança encore :

« N'oubliez pas qu'il lui en a fallu passer non seulement par Ésope mais également par Phèdre et aussi Pithou, Rigault, Nevelet, que sais-je encore, qui tous, les uns autant que les autres, ont travaillé longuement sur le sujet. Je vous le dis comme il me l'a confié, les *Fables*, voilà un ouvrage patiemment écrit ainsi que savamment composé ! Il ne faut point se méprendre, cet auteur ne rédige pas au fil de la plume, il lui en coûte ! Il me dit et me répète à satiété qu'il se heurte souvent au principe de l'uniformité du style. Que c'est la règle la plus étroite que nous ayons... Allons, messieurs, compléta-t-il, l'œil goguenard et en souriant avec bonhomie, vous apprendrez tôt ou tard que patience et longueur de temps font plus que force ni que rage... »

Et il compléta son propos :

« Savez-vous que, tout comme son ami Molière, M. de La Fontaine aborde bientôt les cinquante ans d'existence. Cela fait longtemps, très longtemps, qu'il s'occupe. Et quoiqu'il veuille se faire passer pour un paresseux, n'en croyez surtout rien et sachez qu'il œuvre continûment.

– Et ce succès, cette réussite énorme de son livre des *Fables* ? articula en postillonnant le plus petit des externes.

– Contons, mais contons bien ; c'est le point principal ! aime-t-il à me répéter. La forme, le choix de cette forme-là, je vous l'ai dit tout à l'heure tout autrement. Contre son maître Patru, mon ami La Fontaine a choisi le vers, le vers irrégulier, certes, mais le vers ! Son sentiment, d'après ce qu'il a bien voulu m'en confier, a toujours été que, quand les vers sont bien composés, ils disent en une égale étendue plus que la prose ne saurait dire.

– Oui, nous vous suivons volontiers, mais est-ce là tout ce qui explique ce triomphe auprès du public ? interrogea encore le plus gros des collégiens d'une voix devenue tout à coup étouffée. »

Le regard bleu, où les jeunes gens crurent déceler un éclair d'inquiétude, dirigé au-dessus de leurs têtes, le gentilhomme certifia sur un ton calme, presque las, qu'il pensait quant à lui que l'auteur des *Fables*, si prisées par le public alors, ne souhaitait point sa liberté dans une opposition à ceci ou à cela, non, non, vraiment... Un instant, il chercha les mots de ce qu'il avait à exposer puis continua. Aussi, il lui paraissait plutôt que Jean de La Fontaine n'affectait point de mépris pour l'espèce humaine et était plongé, une fois pour toutes, dans l'édification d'un royaume où la corruption de l'esprit comme celle des mœurs n'avait pas de place. Et que, ma foi, cette édification n'avait pas et ne saurait avoir de fin...

« Un royaume, s'exclama le plus petit, mais... il n'en est qu'un !

– Hé enfin, jeune homme ! Portons la vue autour de nous ! Regardons avant que le crépuscule ne noie cette innocente beauté des jardins et du jour. Croyez-m'en et permettez-moi de vous opposer que, en raison de votre extrême jeunesse, vous n'avez peut-être pas encore assez de passion pour la vie telle qu'elle est ! Ou alors, je me trompe ! »

Comme dans une allée, s'appuyant sur une canne et claudicant, une personne de haut rang de noblesse s'approchait d'eux difficilement en même temps que du plus vite qu'elle le pouvait, le gentilhomme-servant coupa court. Il s'empressa de saluer en balançant son chapeau et prit congé en s'excusant.

« Messieurs, votre compagnie m'est fort agréable, mais vous voyez comme moi que le temps file et il me faut aller présentement quérir ma course. Souffrez, jeunes gens, que je me retire... »

À peine lui avaient-ils rendu son salut que le gentilhomme avait tourné les talons et, en quelques instants, disparu du jardin en obliquant vers la rue de Vaugirard. Ils demeurèrent un peu interdits. Le soleil était descendu si bas que la lumière du jour commençait à adoucir toutes choses, que les ombres des arbres et des hommes s'allongeaient indéfiniment sur le sol pierreux et que l'air avait fraîchi d'un coup.

« Eh bien, messieurs les externes, M. de La Fontaine devait être en verve pour vous entretenir de la sorte ! » leur lança le vieil homme à la canne une fois parvenu à leur hauteur.

Il avait parlé dans un essoufflement rauque. Il flottait dans son vêtement, était maigre, osseux, et offrait une figure aux traits anguleux. Un vrai penard* que cet homme !

L'étonnement les tint quelques secondes en silence. Puis, à la suite de ce silence interloqué, d'une seule voix d'une seule, les deux amis s'exclamèrent :

« M. de La Fontaine !

– Eh bien, mes braves garçons ! Vous êtes des grassins ? Et vous ne savez donc pas avec qui vous vous entreteniez ! Visiblement, vous étiez dans l'abus ! Avez-vous seulement vu vos mines de merlans frits ! Hé, jernique, qu'avez-vous donc, babouins, avec ce M. de La Fontaine ! Parbleu, ce gentillâtre* vous rend de bien mauvais offices ! »

Découvrant l'expression obtuse des collégiens qui n'en revenaient pas de tant de hargne, il s'emporta tout à fait et s'énerva tout de bon, les veines sèches du front gonflant :

« Jour de Dieu ! Je vous le dis tout droit, il peut bien scribouiller tout ce qu'il veut, ses contes et tout le tintouin, votre baragouineux de La Fontaine, lui, pareillement à ses amis, ne sera toujours qu'un noble de rapport ! Poète à la ville et coquin dans cette maison ! Un faquin* ! »

Son rire qui suivit avait été si sonore que les passants se retournèrent sur le trio.

Le père mort, les fils vous retournent le champ,
Deçà, delà, partout ; si bien qu'au bout de l'an
Il en rapporta davantage.
D'argent, point de caché. Mais le père fut sage
De leur montrer, avant sa mort,
Que le travail est un trésor.

Le Laboureur et ses enfants

AUTOMNE

1680

Cinquante-neuf ans
diverses rues de Paris cette année-là,
puis rue Saint-Honoré,
paroisse Saint-Roch,
actuellement rue Saint-Honoré,
1er arrondissement de Paris

En dépit du ciel bas et de l'air gris, depuis l'angle de la rue Aubry-le-Boucher où il se trouvait, François Maucroix pouvait apercevoir les clochers de Sainte-Opportune et ceux des Innocents. Puis, portant son regard plus loin, par-dessus des bancs de brume, il vit le Saint-Sépulcre et Saint-Leu. Toutes les cheminées de Paris poussaient des colonnes de fumées blanchâtres ou grises vers un ciel déjà chargé. Pourtant chaudement vêtu, l'homme, un chanoine d'âge avancé, fut parcouru de frissons. La lassitude du voyage sans doute et puis l'automne était froid.

La nuit n'allait pas tarder à tomber, songea-t-il, en s'engageant plus avant dans l'étroite rue Saint-Denis, embarrassée au plus haut point à cette heure de l'après-midi. Un hélement criard l'ayant averti, le chanoine sursauta et fit un brusque écart afin de laisser le haut du pavé à une chaise à porteurs transportant une personne de condition que cachait un rideau. La chaise emmenée au petit trot disparut aussi vite qu'elle était apparue.

À ses oreilles, les cris des marchands qui s'élevaient parmi les nappes de brume se mêlaient à l'étourdir. «Achetez des cruches – Belles pommes d'api – Encre double.»

Il ajusta son feutre, s'emmitoufla dans son balandran, ce manteau doublé depuis les épaules jusque sur le devant, où l'on passe les bras entre les deux étoffes qui sont par ce moyen à couvert des intempéries, leva la tête et discerna encore les toits de Saint-Merri et de Saint-Jacques-la-Boucherie. «Noir à noircir – Achetez des chapelets – Lardoire à la mode», entendit-il encore de manière distincte avant de basculer à nouveau dans le magma bouillonnant de ses pensées.

Le voyage depuis Reims par la malle-poste l'avait fatigué et l'état de sa pauvre tête s'en ressentait. Outre le branle de la voiture qui remuait tantôt d'un côté tantôt de l'autre, durant tout le trajet, les passagers, tous hommes conversables*, n'avaient cessé de s'entretenir des brouilleries* du royaume qui empiraient. Et les causeurs, qui portaient encore à peu près tous une rhingrave* – il n'y avait point de femmes ce jour-là – et se connaissaient tous de réputation, ne se gênaient pas ! L'un avait débuté en évoquant les dragonnades qui avaient repris contre les Réformés, un autre avait persisté dans le même sens en s'attardant sur le coût écrasant des guerres qui obligeait à faire argent de tout. Aussi, à prêter l'oreille à ce qu'avançait ce dernier, le roi créait-il sans cesse de nouvelles charges, de nouveaux offices, de nouvelles maîtrises et de nouveaux privilèges dans le seul but de les vendre !

Chacun, dans le cercle restreint de l'habitacle de la diligence, s'accorda à applaudir ces paroles. L'échange se dirigea ensuite sur l'exécution de la Voisin ainsi que sur l'exil à Nérac de la duchesse de Bouillon, compromise, elle aussi, dans l'affaire des Poisons. Quand le sujet fut épuisé, l'on s'étendit sur les conséquences de la mort du Bernin et sur celle de La Rochefoucauld. Ces hauts personnages furent fort loués. Puis on partagea toutes sortes de charcuteries sur des tranches de pain. On ne sait comment, la mort de Fouquet à Pignerol surgit tout à coup dans la conversation. Il y eut d'abord un silence que l'on sentit embarrassé puis, ayant fini de mâcher, quelqu'un débita qu'en son temps Richelieu jugeait normal que les ministres veillent sur leur fortune en même temps que sur celle de l'État. Et que Colbert et les siens s'étaient largement enrichis. Ensuite, il fut rappelé par un autre qu'au début de la décennie, en dépit des prodiges du même Colbert pour remplir le Trésor, on était allé jusqu'à envisager de faire sortir le surintendant déchu de prison !

Ce à quoi un troisième ajouta qu'en 1673 ça n'avait plus été un simple bruit, car Louvois, lui-même, avait fait demander à Fouquet dans sa cellule de s'expliquer sur des mesures financières possibles. Enfin, quoi, il convenait de ne pas tromper son monde, Louvois n'avait pu entreprendre une telle démarche qu'avec l'approbation et du roi et de Colbert. C'est qu'il y avait urgence alors ! Les désordres étaient grands dans le royaume. En ce temps-là, à cause de la misère et de la famine parfois qui ravageait des provinces entières, la révolte grondait en Normandie, en Guyenne, en Bretagne.

Après que l'en-cas eut été pris et les victuailles restantes rangées, un des voyageurs avait assuré que, depuis lors, Louis XIV connaissait parfaitement une partie des malheurs publics, mais qu'il affectait de n'en rien savoir. Maucroix, seul homme d'Église dans l'habitacle, qui ne disait que peu de chose, avait noté que les propos tenus durant ce voyage étaient aussi sombres qu'ils étaient libres. L'un des causeurs, par exemple, avança que Louis XIV s'était transformé en roi de guerre lorsqu'il avait cessé de danser, en 1670. On avait beaucoup ri à ce propos. Maucroix se tut alors en se souvenant *in petto* que Racine n'était pas pour rien dans cette décision royale. En 1669, avec son *Britannicus*, il avait en effet convaincu le roi de ne plus se produire dans les ballets de cour.

Un autre encore alla jusqu'à citer *Les Animaux malades de la peste*, la fable de son vieil ami, martelant la chute qui à présent entrait dans son esprit de manière à le remplir tout entier :

« Selon que vous serez puissant ou misérable, les jugements de cour vous rendront blancs ou noirs. » François Maucroix s'était alors souvenu que, à l'époque dont il était question, si Mme de Sévigné avait pris le pitoyable état du royaume à la légère, son ami Jean de La Fontaine, lui, en avait souffert au point que cela avait provoqué une espèce de brisure en lui. Oui, vraiment, quelque chose comme ça. N'était-il pas écrit que les mortels étaient mortels quand ils pleuraient de leurs douleurs ; mais que quand ils pleuraient des douleurs d'autrui, c'étaient proprement des dieux !...

C'est qu'un être tel que La Fontaine ne pouvait tout simplement pas ignorer les malheurs de son temps... Maucroix, qui prenait peu part à la discussion qui roulait depuis Reims sur moult sujets, s'était gardé d'évoquer, devant ses compagnons qui le connaissaient pourtant, le degré de son amitié pour La Fontaine. Pas un seul instant, il n'y avait songé. Depuis le collège, Jean avait été témoin et partie prenante de toutes les périodes cruciales de son existence et ce depuis son amour malheureux pour Mlle de Joyeuse, Henriette, jusqu'au moment où il s'était fait homme d'Église, par commodité... En vérité, c'est qu'ils avaient bamboché tous les deux et giboyé les donzelles aussi ! Sans compter les nuits blanches passées à jouer au trictrac et compagnie...

Leur amitié était parvenue à un tel point que le chanoine en personne avait élevé Charles, la géniture de Jean. Ce dernier connaissait mieux son tuteur Maucroix que son propre père qui, lui-même, le voyait peu. C'est dire !... La malle-poste ayant du retard, ils avaient atteint Paris aux alentours des quatre heures après-midi... Quant à Maucroix, en proie au vague à l'âme le reste du trajet, il fut accaparé par les pensées qu'il avait sur son frère, chanoine lui aussi, qu'il avait perdu l'année d'avant. Mais là, parvenu à Paris, à l'angle de la rue Aubry-le-Boucher, la joie de revoir Jean, après une année entière, avait chassé de son esprit tout sentiment pénible et mortifère.

Maucroix sentait son cœur bondissant. Il venait s'installer à Paris pour siéger à l'Assemblée du clergé. Ses bagages suivaient. De la sorte, il pourrait voir son ami chaque jour! Les yeux pétillants, il l'imaginait embesogné à quelque nouvelle écriture. Allez, à présent, il lui fallait, sans se crotter, remonter à travers Paris jusqu'à la rue Saint-Honoré le plus droitement possible afin de rejoindre le nouveau logis de son ami. La marche aidait Maucroix à penser.

Pour l'heure, il se débattait dans les dates, une manière de mettre de l'ordre. Si le mariage de Mademoiselle avec M. de Lauzun s'était fait en 1670 – Alors... Oui, 1670, le mariage de Mademoiselle, ainsi que le clamait Mme de Sévigné, la Grande Mademoiselle, Mademoiselle, fille de feu Monsieur, Mademoiselle, petite-fille d'Henri IV, Mlle d'Eu, d'Orléans, Mlle de Dombes, Mlle de Montpensier, cousine germaine du roi... Bon, c'est deux ans plus tard, en 1672, avec la mort de la duchesse douairière, qu'il avait perdu ses dernières ressources, l'ami Jean ! Oui, vu que l'année d'avant, ayant fini de recevoir du duc de Bouillon la totalité du remboursement de ses charges, le poète avait donné quittance définitive au duc. De la sorte, il s'était retrouvé sans revenus aucun, donc officier supprimé et bien loin d'être accommodé*. Car le peu de soin qu'il avait eu de ses affaires domestiques l'avait placé en un état d'avoir besoin de secours. Ainsi qu'il le débitait lui-même, il se retrouvait Gros-Jean comme devant et en proie à une forte et durable mélancolie. Il faisait pitié à voir. Or, il n'avait pas voulu retourner auprès de sa femme à Château-Thierry. Non ! Château-Thierry qui aujourd'hui avait disparu, enfin sa maison qui, plus justement, avait été vendue depuis quatre années maintenant. Et cela dans l'unique souci d'éteindre les dettes de Jean à l'égard de son oncle Jannart.

Le choc, pour Maucroix, c'est que, outre la maison de la famille où lui-même avait nombre de merveilleux souvenirs, son ami avait cédé à l'acheteur le droit de propriété au banc et la place qu'il avait dans l'église des Cordeliers sous le jubé, pour en jouir, toutefois, il est vrai, après la mort de sa femme, la demoiselle Héricart. Et ce, était-il précisé dans l'acte de vente, pour des raisons et des considérations particulières entre eux. Jean ne s'en était pas expliqué, mais François Maucroix comprenait que, s'il n'était pas retourné vivre avec sa femme, la raison n'en était pas qu'il considérait trop lâche d'aller se faire nourrir par celle qu'il avait délaissée, mais surtout, qu'il ne l'aimait plus, et ce depuis fort longtemps.

En cette période-là, donc, Jean avait bien tenté de le lui cacher, mais il était tombé très bas. Oui, la cigale gisait à terre, ne disposant plus d'assez de biens pour vivre. Il avait, on ne sait comment, trouvé à loger rue du Battoir, tout près de la rivière. À l'époque, peut-être les Bouillon l'avaient-ils invité à dîner par-ci par-là, La Rochefoucauld aussi. À sa connaissance, la riche Mme de Sévigné, quant à elle, ne lui avait jamais offert une place à sa table. Les grands n'ont jamais ignoré l'ancienne méthode de négliger la personne en estimant ses écrits...

La tête pleine de ces pensées, de par les rues boueuses, le chanoine évitait les malheureux, nombreux sur son passage, et se murmurait ces vers de Jean dont il avait oublié l'origine: «Il ne faut jamais se moquer des misérables, car qui peut s'assurer d'être toujours heureux?»... Depuis lors, il sait bien, François Maucroix, ce qu'on dit de son ami Jean de La Fontaine: qu'il est devenu un lourdaud dont on ne peut tirer une parole, qu'il a des taches sur son habit et des bas mal tirés quand ils ne sont pas mis à l'envers, qu'on l'appelle communément le bonhomme.

Ah, voilà que son cœur bat la breloque! Il est envahi par l'émotion tout à coup, le chanoine. Certaines gens sont si peu chrétiens : ils ne savent pas voir un être malheureux sans le discréditer. Parce que c'est vrai qu'il a pris un coup, son ami. La vieillesse qui ne prévient pas, avance et s'installe et puis toutes ces morts successives qui surprennent toujours et qui n'arrangent pas les choses. Enfin, qui transforment de fond en comble la vue que l'on a sur les choses, sur la vie. La disparition de Molière l'avait affecté au plus profond. D'autant que, Maucroix l'avait vécu en tant que témoin, Jean-Baptiste ne se mêlait pas aux railleries des autres à l'égard du fabuliste. Jamais. Du reste, au contraire de Racine, Molière était triste en société. Outre cela, la légende ne colportait-elle pas que, lors d'un de ces épisodes, Molière aurait dit, parlant pour l'avenir : « Ne nous moquons pas du bonhomme, il vivra peut-être plus que nous tous ! »

Toujours est-il que cette histoire lui était revenue aux oreilles. Et là, à y repenser dans les rues de Paris pleines de brume à présent, il en avait des larmes plein les yeux. Enfin, soupira-t-il, Jean n'était pas complètement désert*, il lui restait Racine et puis lui, Maucroix... Et puis Mme de La Sablière aussi. Ah, Mme de La Sablière, véritable quintessence de femme, sans qui Dieu sait où il serait aujourd'hui ! Cette dame d'un mérite singulier et de beaucoup d'esprit qui, après la rue du Battoir, l'avait reçu chez elle, en son hôtel, rue Neuve-des-Petits-Champs. Oh, elle n'appartenait pas à la grande noblesse, mais il s'agissait assurément d'une vraie grande dame !

Ça, sans doute aucun ! De la sorte, son ami avait été logé par charité chez elle, changeant de linge et d'habit quand Mme de La Sablière lui en faisait porter de nouveaux. Et puis, quel changement, dans le salon qu'elle tenait ! Un salon fort bien fréquenté par la société élégante et savante, par des gens de la Cour également.

Après l'effrayante solitude de la rue du Battoir qui n'avait fort heureusement duré que peu, Jean de La Fontaine avait été le plus heureux des hommes ! Maucroix pouvait en attester. Là étaient souvent rassemblés aussi bien le physicien Rohault que le mathématicien Roberval, des adeptes de Gassendi également, tels le médecin Antoine Menjot ou encore le voyageur et savant François Bernier. Ah, le salon de Mme de La Sablière, une véritable ambassade de l'amitié !... Et voici que, après ces temps favorables, Antoine Rambouillet, sieur de La Sablière, venait de mourir ! Et que sa dame, à peu près ruinée, se retrouvait dans l'obligation de quitter la rue Neuve-des-Petits-Champs afin de se replier dans une demeure plus modeste près des Incurables.

La Dame avait eu la délicatesse de louer une petite chambre à part, rue Saint-Honoré, pour son ami, ainsi qu'une autre pour Bernier qu'elle gardait aussi près d'elle. Là-dessus, François Maucroix avait reçu un courrier qui reprenait les propos de M. Guilleragues écrivant à peu près que M. de La Fontaine descendait

d'un grenier pour tomber dans un entresol où il avait sans doute soutenu un froid cruel l'hiver passé. Mais le chanoine, qui connaissait son Jean, savait que celui-ci, pudique comme une pucelle, n'avouerait rien de ses misères. D'après ce que lui avait rapporté le poète dans sa correspondance, cette fois-ci, Mme de La Sablière s'était convertie et, le plus souvent, elle se rendait aux Incurables où elle soignait les grands malades.

Maucroix savait que son ami était embéguiné au possible, amoureux fou de sa logeuse ! Le chanoine avait, à ce propos, gardé en mémoire l'une des toutes premières lettres où le poète l'entretenait d'elle en des termes plus élogieux les uns que les autres. Que c'était une des plus belles femmes de son temps, une des plus élégantes, des plus galantes. Que n'était-il pas plus jeune de seulement dix ans pour qu'elle consente !... Une autre fois, il lui avait écrit qu'elle avait des cheveux d'un blond cendré, le plus beau qu'on puisse imaginer ; les yeux bleus, doux, fins et brillants, quoiqu'ils ne fussent pas grands ; le tour du visage ovale ; le teint vif et uni ; la peau d'une blancheur à éblouir ; les plus belles mains et la plus belle gorge du monde. Il convenait d'adjoindre à cela un certain air touchant de douceur et d'enjouement répandu sur toute sa personne. Il remarquait même, dans ce qu'elle disait et ce qu'elle faisait, ce tour aisé, ce caractère d'esprit sans embarras, cette humeur bonne et honnête et ces manières obligeantes, qui si fort d'elle qu'il serait difficile aux autres de les imiter. Ses costumes affichaient une certaine sobriété. Enfin, tout autre que lui, moins rempli de son idée, en voyant ce qu'il voyait, n'eût pas laissé de dire : c'est Mme de La Sablière !

La première fois où son regard rencontra la personne en question et qu'il était demeuré quelques instants en sa présence, François Maucroix s'était rangé à l'opinion de son ami : il était tombé sous le charme de cette exceptionnelle créature. Elle n'était pas, elle rayonnait ! Rien d'étonnant donc à ce que Jean ait inclus la dame à ses fables, lui faisant l'honneur d'un discours... Sur le pavé gras qu'il foulait maintenant, il s'arrêta net. Qu'était-ce donc que tout cela ? Devant lui ? S'avançant encore de quelques pas, il comprit la raison de l'attroupement qui obstruait en partie la rue : deux carrosses se faisaient face sans qu'aucun ne veuille céder le pas. C'était à qui débellerait* l'autre. Des passants attendaient le dénouement. D'autres arrivaient et s'agglutinaient, curieux. À voir, dans la mauvaise lumière, les couleurs des livrées, les badauds constataient que les deux équipages appartenaient à de hauts personnages. Depuis combien de temps durait ce face-à-face ? Pas très longtemps, sûrement. Dans cette querelle de préséance, les chevaux piétinaient, faisant résonner leurs fers sur les pavés et, à présent, les laquais en étaient à s'insulter copieusement. De part et d'autre, les quolibets volaient.

« Je parle à mon bonnet, lançait l'un par-dessus les carrosses.

– Et moi, je pourrais bien parler à ta barrette », répondait un autre.

Décidément, aucun des deux attelages n'entendait manœuvrer à reculons. Point d'archer ni de sergent de ville en vue. Maucroix hésita, haussa les épaules, puis se coula du côté de la rue le plus dégagé à l'instant même où les laquais dégringolaient de la caisse, l'épée à la main, afin de défendre l'honneur de leur maître.

« Je te rosserai d'importance !

– Viens donc t'y frotter, effronté pendard ! »

Pressentant que le sang allait couler, le chanoine ne demanda pas son reste et fila en marmonnant des Seigneur ! Seigneur ! On était encore entre chien et loup mais il lui sembla que l'obscurité avait gagné tout autour de lui, qu'elle s'était emparée de la rue, estompant les êtres et les choses tandis que, au-dessus de la ville, le ciel semblait barbouillé de suie. Il hâta le pas.

Marchant encore tout contrarié par cette scène, son esprit fut entraîné sur une pente de révolte contre la répugnante loi du plus fort. Ensuite, par association, comme remontant un chemin de récriminations, à la suite de quelques quidams auxquels il avait des raisons d'en vouloir, il rencontra la personne d'Antoine Furetière. La violence vécue quelques instants plus tôt se fixa ni plus ni moins sur cet ancien condisciple, à Jean et à lui, comme pour mieux se répandre contre sa personne.

Depuis des années, Furetière ne citait plus que duc, prince ou princesse, entêté qu'il était de qualité ! L'auteur du *Roman bourgeois* s'était rangé ; il était devenu le protégé de l'archevêque Harlay de Champvallon, qui le logeait chez lui ! Parbleu, il était passé délibérément du côté du manche ! Voilà tout. Il avait réussi non à s'accomplir, mais à parvenir. C'était un parvenu ! Bien loin, pensa-t-il, était le temps où tous les trois étaient de vrais amis ! À présent, Furetière aurait animé par sa vilenie le plus posé des hommes du monde ! Vanité et jalousie, voilà dans quoi avait définitivement versé Antoine !

Mon Dieu, il était devenu convoiteux et appartenait corps et biens à cette société où courber l'échine faisait office de civilité. Une société où ceux qui pliaient de bonne grâce étaient admirés, mieux, enviés par ceux-là qui réussissaient moins bien qu'eux dans l'art de la souplesse. Oui, il est vrai, concéda encore le chanoine à lui-même, que Jean s'y était essayé et qu'il récidivait. Mais, en vérité, son âme ne lui fournissait pas d'énergie et de duplicité en suffisamment grande quantité pour qu'il y réussisse. Il était trop simple, trop entier, et surtout trop inconscient pour cela ! Et puis le fabuliste, au contraire de Furetière, ne partageait pas l'idée que les gens du commun ne pourraient jamais attraper le bel air des gens de la noblesse !

Ah, se croire un personnage était fort commun en France, on y fait l'homme d'importance alors que l'on n'est souvent qu'un bourgeois. Vanité et jalousie. Il en était rendu là, l'Antoine. La bonne fortune littéraire de

Jean l'avait poussé, lui comme d'autres, l'abbé Saint-Ussans, Mme de Villedieu, à donner des fables en vers. Mais c'était que lui, Furetière, entendait ni plus ni moins faire la leçon à La Fontaine ! Certes, dans la préface à ses propres fables, Antoine s'étonnait qu'on eût attendu si longtemps pour pratiquer en français cette manière d'écrire si excellente. Il louait Jean de La Fontaine pour la nouvelle et excellente traduction qu'il en avait faite, dont le style naïf et marotique tout à fait inimitable, précisait-il, ajoutait de grandes beautés aux originaux. Mais enfin lui, Antoine Furetière, de l'Académie française, donnait des fables réellement nouvelles, des fables dont il avait inventé les histoires ! Et il n'hésitait pas à insister sur la singularité de son propre style ainsi que sur la présence d'une morale explicite. Bref, cela revenait à prendre parti contre les traits dont étaient ornées les fables de Jean et la façon, en tout cas pour lui, cavalière, dont ce dernier traitait la morale.

À l'évidence, Antoine Furetière était dans la persuasion absolue de faire beaucoup mieux que son ancien ami Jean de La Fontaine ! Vanité et jalousie. Jusqu'à Boileau qui s'était mis, lui aussi, à réécrire certaines fables de Jean, les considérant trop languissantes, pas assez rapides... Vanité et... Du reste, pareillement à Bernier dans son *Abrégé*, l'ami Boileau n'avait-il pas, dans son *Art poétique,* purement et simplement omis de mentionner La Fontaine !

Parce que, tout de même, dans cette plaquette qu'il avait rédigée en vers et qui citait le sonnet, l'élégie, le madrigal, le rondeau, la ballade, l'épigramme, même le vaudeville, on ne trouvait pas un traître mot sur la fable ! Cependant, la vérité est que La Fontaine, qui avait souffert en silence, comme d'habitude, était d'autant moins fâché contre Boileau-Despréaux qu'il se savait rejeté moins par lui que par une coterie. C'est-à-dire, les doctes regroupés autour du président Lamoignon, dont tout le monde savait que *L'Art poétique* exprimait les idées. Et puis Jean pensait aussi que le silence de *L'Art poétique* sur les fables était avant tout prudence et respect de son ami à l'égard des préjugés de Louis XIV. Le roi regardait en effet les fables comme un genre mineur et La Fontaine comme un écrivain de peu d'importance. Il savait parfaitement que le roi ne l'aimait guère. Le monde est ainsi fait que les véritables créateurs toujours provoquent le rejet et souvent l'ostracisme.

La tête tout à coup vidée par un coup de fatigue, le chanoine arpentait les rues en se serrant le plus possible contre les murs. Il s'arrêta. Cela lui passa, il récupéra de l'énergie et peu à peu son visage s'illumina parce que son humeur s'était retournée comme un gant. C'est qu'une autre matière abordait soudainement son esprit, il imagina « La chambre du sublime » ! Il se la figurait, car il ne l'avait vue qu'en gravure. Maucroix se remit en chemin rêvant à cette chose tout au long du parcours. Voici à peu près l'affaire. L'année d'après celle qui suivit la parution de *L'Art poétique*, pour le nouvel an, Mme de Thiange avait offert au duc de Maine, fils du roi et de sa sœur, Mme de Montespan, qui allait avoir cinq ans, une maquette qu'elle avait fait composer. En référence au style sublime, répertorié par Boileau dans son *Traité*, qui entendait se dissocier de celui de trop d'auteurs pensionnés fait de panégyriques qui se confondaient tous à force de ressemblance, Mme de Thiange avait fait construire pour son neveu un luxueux petit théâtre appelé «La chambre du sublime», de la grandeur d'une table, avec des personnages en cire.

L'enfant lui-même se trouvait représenté assis dans un grand fauteuil à côté du lit. La Rochefoucauld lui soumettait des vers à lire. Juste derrière le fauteuil, se tenait la gouvernante, Mme Scarron. Bossuet, son précepteur, ainsi que Marcillac, fils de La Rochefoucauld, entouraient tous trois le jeune duc. En un autre endroit, Mme de Thiange et Mme de La Fayette déchiffraient des vers. De l'autre côté d'un balustre qui séparait la pièce, Boileau tenait une fourche qu'il pointait devant lui et barrait de la sorte l'entrée à une troupe de mauvais poètes pendant que Racine, à ses côtés, faisait signe à un La Fontaine intimidé de se joindre à eux, là, à l'intérieur de cette «chambre du sublime». On avait placé cet admirable jouet d'enfant de telle sorte qu'on pouvait l'apprécier de tous côtés! Ces personnages, tous modelés à l'échelle du logis, étaient parfaitement reconnaissables. Pour François Maucroix, cela ne faisait aucun doute que Mme de Thiange, par ailleurs capable de traits acérés, avait voulu que La Fontaine eût une place parmi les plus grands, car elle l'en croyait digne ! Le roi, qui, disait-on, s'en était amusé, n'avait point, quant à lui, émis d'avis défavorable. Bien sûr, quand il l'avait apprise, cette nouvelle avait eu pour conséquence instantanée de raccommoder promptement Jean avec la joie de vivre. Ça n'était après tout que justice !...

Tandis qu'à cause de la nuit maintenant survenue, de loin en loin, des allumeurs de lanternes commençaient leur travail, le regard du chanoine rencontra tout à coup l'enseigne du Grand Louis. Il savait ne plus être très éloigné de son terme. Il avança encore et découvrit, faiblement éclairées dans le brouillard, celles du Lion d'argent et du Grand Monarque qui annonçaient, tout comme la première, des boutiques de galants, de dentelles, de broderies et de guipure. Depuis l'arrivée de la malle-poste, près du Châtelet, il n'avait guère perdu de temps et progressé sans encombre parmi l'entrelacs des rues mouillées de Paris. Il touchait au but. La vapeur des brouillards ne l'avait pas retardé. En quittant la rue des Prouvaires pour remonter la rue Saint-Honoré jusqu'au portail du couvent des Feuillants où il savait trouver son ami de toujours, le chanoine François Maucroix ôta son feutre afin de se refroidir un peu la tête.

Ils tombèrent dans les bras l'un de l'autre longuement, jetant de discrètes larmes de joie et d'affection. En le découvrant à la lueur d'un chandelier à trois branches, François Maucroix retrouva tout entier son ami, l'esprit brillant dans la prunelle de ses yeux, cette vivacité que les années n'avaient pas pu éteindre, cette joie qui rayonnait de toute sa personne. Il est vrai, ainsi qu'on lui avait fait savoir, et ce dès le premier coup d'œil, que son reposoir, comme il appelait lui-même la chambre où il vivait désormais, offrait un aspect des plus rudimentaires. La pièce, fort simple, comportait un secrétaire, un ravissant petit clavecin qui jurait dans ce décor, un lit, trois fauteuils assez usés, et sur des sortes d'étagères trônaient des bustes de philosophes antiques en terre cuite dont un Socrate qui était le plus reconnaissable. À cause de ces bustes, le locataire nommait aussi son logis la chambre des philosophes. Le lit, fort modeste, était garni d'un molet de soie. Au fond de la pièce, sur le côté, se trouvait une sorte de cabinet de toilette, masqué à moitié par un paravent de couleur vaguement carmin.

La Fontaine l'invita à garder sur lui son balandran, quoique un peu mouillé, car il n'avait pas de feu et lui-même, vêtu d'un manteau rouge doublé de marron, portant une cravate en dentelles, se trouvait couvert de cette grosse étoffe de laine appelée bureau sur les genoux. À peine installés chacun dans un fauteuil, de part et d'autre du chandelier posé sur un guéridon, la conversation roula entre les deux compères confidemment et sans ambages aucun. Après avoir répondu obligeamment et avec force détails aux questions de Jean sur les dernières nouvelles de Reims depuis la mort de son frère, ce fut au tour de François d'entendre la voix de Jean. Que faisait-il ? Comment se portait-il ?

Ma foi, Jean lui certifia qu'il lui restait bien quelques déduits*. De la sorte, la maison de Racine lui était toujours ouverte. Par ailleurs, ainsi que Maucroix le savait, car il le voyait, lui aussi, Jean poussait de temps à autre à Auteuil afin de relire en compagnie de Boileau *Les Épîtres* d'Horace. Son caractère brusque n'avait point changé mais au fond il était brave homme ! Oh, il faisait également échange de petits vers avec les abbés Chaulieu ou Vergier, débattant de quelque point de poétique avec les puristes Bouhours ou Rapin. Et puis Saint-Dié, d'Hervart, d'autres encore, qui étaient tous attachés à de puissants personnages, lui rendaient des visites...

Comme François le complimentait sur son clavecin, La Fontaine soupira sans feinte qu'il le connaissait assez pour se douter que, sans la musique, il aurait depuis longtemps trépassé. Aussi avait-il consenti des sacrifices pour se procurer cet objet de prix. Puis, un air de mélancolie passant sur son visage, il cligna des yeux et leva la main en assurant d'une voix soudain éteinte qu'il avait passé l'âge d'aimer ou plutôt d'être aimé. Aussi, dorénavant pour lui, les plaisirs devaient se payer. Eh oui, continua-t-il, si autrefois, les femmes aimaient à se rapprocher de lui, les grisettes et autres Jeannetons d'aujourd'hui, ces appétissantes filles des rues, aux vieilles gens étaient inhumaines ! Mais elles possédaient le don de faire venir l'envie d'être amoureux quand on ne le voulait pas. Rien que de plus normal...

C'est de cette façon qu'il tâchait d'adoucir sa vie, en sollicitant celles qui le savaient de jouer un peu de ce clavecin pour lui. Il eut quelques instants encore, peint sur le visage, cet air triste et rêveur que Maucroix lui connaissait bien. Rien à faire, depuis l'enfance, Jean de La Fontaine avait parfois l'âme inquiète. Il le considérait alors que sa tête tournée de trois quarts face, surmontée d'une grande perruque, montrait une bouche large et serrée, un menton fort et accentué. Comme toujours, ses yeux restaient perpétuellement vifs. L'homme qui se trouvait devant lui, à la lumière d'un chandelier, dans une pièce où l'on sentait l'air froid du dehors pénétrer par le chambranle de la fenêtre, était dans sa gloire. Et pourtant, il était ce jour installé dedans une chambre assez délabrée, tout au moins sans attrait, où aucun feu ne brûlait...

Maucroix l'interrogea sur son emploi du jour. Offrant aussitôt une mine épanouie, La Fontaine lui répondit qu'il avait été à accompagner Mme de La Sablière aux Incurables toute la journée. Et à partir de ce moment de la conversation, ayant retrouvé sa faconde, La Fontaine fut intarissable. Ah, que n'avait-il pas connu Mme de La Sablière avec vingt, allez, dix ans de moins! Cette femme, il l'avait dénommée Iris dans ses *Fables* en souvenir du nom de la déesse qui apparaît dans un dialogue de Platon où elle figure l'étonnement qui entraîna les premiers penseurs aux spéculations philosophiques. Cela correspondait à la réalité! Oui, car tout chez elle, les moindres de ses grâces, ses toilettes non pas austères, mais simples, comme la forme ovale des corsages qu'elle portait, absolument tout, provoquait l'étonnement!

Et là, manquant de mots, La Fontaine s'excusa auprès de son ami de jeunesse: des êtres parfois sont supérieurs à leur description et sans contredit Mme de La Sablière appartenait à cette race-là. Dans la suite, entre cent autres choses qu'il raconta, il relata qu'on avait demandé un jour à un homme d'esprit de ses amis ce que cette dame faisait, ce qu'elle pensait au juste dans sa retraite à soigner ainsi les malades. «Elle n'a jamais pensé, avait objecté l'homme, elle ne fait que sentir.» Pourtant, poursuivait La Fontaine, ses lumières ne s'arrêtaient pas à ce qu'on appelle le bel esprit, elles allaient jusqu'à la belle philosophie! C'est ainsi que tous ceux qui la connaissaient convenaient volontiers qu'il s'agissait de la plus séduisante personne du monde, et que les goûts, ou plutôt les passions, se rendaient maîtres de son imagination et de sa raison, de manière que ses goûts étaient toujours justifiés par sa raison et respectés par ses amis. Aucune des personnes qui l'avaient connue n'avait osé la condamner qu'en cessant de la voir, pour l'indécomposable raison qu'elle n'avait jamais tort en présence. Selon Jean, cela prouvait que rien n'était si absolu que la supériorité de l'esprit quand il émanait de la sensibilité et de la force de l'imagination !

On avait bien raison d'affirmer partout qu'elle était célèbre pour son esprit extraordinaire ! Enfin, cette femme, qui n'était, par sa naissance, qu'une petite femme de la ville, avait vu, il y a encore peu de temps, son cercle fréquenté par feu Molière mais aussi Racine, Chapelle, le chevalier de Méré, Charles Perrault, les ambassadeurs François d'Usson de Bonrepaux, et Barillon d'Amoncourt, marquis de Branges, ambassadeur à Londres, ami de Mme de Sévigné à qui il avait une fois assené devant La Fontaine, charmé : « Ceux qui vous aiment plus que moi, vous aiment trop. » Mme de Sévigné elle-même et Ninon de Lenclos, son opposé, venaient tout pareillement chez Mme de La Sablière. La Grande Mademoiselle également, qui, à l'époque, fuyait l'étouffante et rance Cour chez La Sablière afin, il est vrai, d'y poursuivre de ses assiduités Lauzun dont elle était folle. Avec le savant Bernier, le poète avait découvert l'Orient, l'Égypte, la Syrie et les contrées fabuleuses de l'Inde, enfin tout un monde nouveau...

Buvant ses paroles, Maucroix concevait fort bien pourquoi non seulement son ami était amoureux de

Mme de La Sablière, mais encore pourquoi elle apparaissait au beau milieu de son dernier recueil des *Fables*, sous le nom d'Iris, pour y être louangée. Et elle l'était, non point semblablement aux coutumes en cours dans les lettres officielles du royaume. Non, elle l'était à la manière d'une muse, d'un point d'ancrage essentiel ! Pour elle, avait écrit Jean, point d'encens, de bruit flatteur, point de breuvage vanté par le peuple rimeur, car elle ne les goûtait point ! Mme de La Sablière était vraie en toutes choses ainsi que le rapportait Mme de Sévigné.

Quelqu'un qui, se voulant méchant, après qu'elle eut été convertie, car elle était auparavant de l'Église réformée, et avant qu'elle ne soit aux Incurables, s'adressant à elle, lui avait lancé à propos des amants qui tournaient autour de sa personne : « Les bêtes au moins ont une saison. » Ébauchant un sourire, Iris avait répliqué : « C'est que ce sont des bêtes. » Jean ne sortait pas de là, Mme de La Sablière était un esprit hors du commun et il avouait n'en pas avoir connu de pareils !... Oui, Iris qu'il respirait* sans cesse, en était, après la mort de son mari, réduite à régler un maigre budget dont le principal était consacré à la nourriture. Et, pour tout dire, une nourriture frugale ! Mais qu'importe, c'était Mme de La Sablière !

Oui, continuait le fabuliste, alors qu'elle incarnait cette grâce qui est encore plus belle que la beauté, elle avait été abandonnée par La Fare, son amant, et avait par la suite versé dans la dévotion la plus grande. Mais, la première et la seule, elle l'avait accueilli, lui permettant l'accès à un monde véritable vivant ! Aurait-il eu le courage de continuer sans elle ? Sa voix trahissait alors l'émotion qu'il ressentait. Sans doute, mais pas avec la même ampleur, la même profondeur, la même patience !

Le poète se ménagea une pause durant laquelle il se frotta les mains afin de les réchauffer. Puis, attachant son regard aux longues flammes jaunes des chandelles, il reprit son discours. Il dit à François qu'il était bien placé pour savoir qu'il jouait beaucoup trop à la bassette, au hoc, au trictrac, et y perdait le plus souvent le peu qu'il gagnait en droits d'imprimerie et en grappillages auxquels il se livrait auprès de quelques grands qu'il parvenait à fréquenter. Néanmoins, il avouait tout net préférer cette gêne constante à être éloigné, même une journée, de cette femme merveilleuse ! Et ce, d'autant plus que le malheur voulait qu'elle se trouvât présentement diminuée.

« Ça ! s'exclama Maucroix dans un rire sonore afin de ramener un peu de bonne humeur, son ami était bien loin de la fureur d'accumuler ! Un vrai panier percé !

– Hé, cher François, lui lança l'écrivain dont le regard chatoya soudain, jouis !

– Je le ferai.

– Mais quand donc ?

– Dès demain.

– Hé, mon ami, la mort peut te prendre en chemin. »

Cet échange provoqua chez les deux amis une crise de rire suivie d'un chapelet d'évocations de souvenirs anciens. Parmi ceux-là, Jean rappela le maréchal Turenne, en débitant tristement que la rédaction de toutes les épîtres qu'il avait consacrées en son honneur n'y avait rien changé : le boulet qu'il avait reçu à Salzbach avait bel et bien tué le grand homme ! Pour une fois que, à ce niveau, il avait trouvé de la noblesse, il le regrettait ! Un peu plus tard, la conversation roula encore sur Boileau qui n'avait pas tort l'autre jour, selon Jean, de reprocher à Homère de n'avoir employé qu'un vers afin d'évoquer la peste qui avait ravagé l'armée grecque. Lui, l'auteur de *La Mort et le Mourant*, partageait l'opinion de Despréaux : Homère aurait mieux fait de décrire la peste et ses effets plutôt que de nous donner un livre de ce qui était gravé sur le bouclier d'Achille !

Ah, Turenne, le regretté Turenne, tiens, en voilà un qui connaissait ses lettres !

« Et souventes fois par cœur ! » spécifia tout à coup La Fontaine dont la figure arborait de nouveau une expression empreinte de mélancolie.

Entre lui et François, la chose était entendue de longue date : n'était-ce pas là l'apanage des plus anciennes lignées du royaume, de certains des plus grands noms de France, que de ne point s'adonner à la langue relevant de l'art officiel, mais que de rester fermement attachés à une tradition orale, porteuse d'un esprit de liberté propre au pays ? Bref, ces vieilles familles

– et Henri de Turenne y appartenait – continuaient, même si elles savaient la manier à l'occasion, à ne pas se plier à une langue instrument ne devant servir qu'à la gloire de l'auguste protecteur.

De concert, leur mémoire marcha de telle sorte qu'il vint à l'esprit des deux amis, au même instant et tout naturellement, le mot du frère de la Montespan, le comte de Vivonne. À Louis XIV qui lui demandait : « Mais à quoi sert de lire ? », Vivonne avait répondu au roi de France : « La lecture fait à l'esprit ce que vos perdrix font à mes joues. »

« À bien y réfléchir, avança Maucroix, il fallait convenir que si le roi se piquait d'ignorer l'intérêt et même l'écriture des *Fables*, tout compte fait et paradoxalement, cette attitude royale le mettait, lui, Jean de La Fontaine, à l'abri. Et puis, parbleu, l'estime du public valait bien, en définitive, l'indifférence du roi, tout comme elle équivalait largement les très petites bassesses des confrères... Eh quoi, le labyrinthe de verdure de Versailles parsemé d'animaux sculptés, agrémenté d'épigrammes venant des *Fables* d'Ésope et animé de jets d'eau, dans lequel le roi aimait à longuement se promener, n'était-il pas, de fait, une reconnaissance de ses propres *Fables* ! »

La voix du chanoine devenait, tour à tour, tonnante ou vibrante. Et qu'importe que l'agencement et les textes soient dus à Benserade, poursuivait-il, il s'agissait bien d'abord et avant tout des animaux des *Fables* ! Et les *Fables*, oui, les *Fables*, c'était lui, Jean de La Fontaine ! Racine et Molière avaient réussi à la Cour dans le genre théâtral qui était leur matière première et surtout parce qu'ils avaient employé la mise à distance flatteuse. L'un comme l'autre, tout comme Boileau, avançaient masqués, courbés au pied du trône !

« Le roi affecte de ne pas reconnaître les *Fables*, heureusement pour toi ! Crois-tu vraiment que Louis pourrait te jeter à la figure : "Va-t'en, chétif insecte, excrément de la terre !", s'exclama Maucroix en levant les bras au ciel tandis que La Fontaine esquissait un sourire. Non, non, Louis a toujours été cantonné dans l'idée que tu travailles pour une clientèle privée et dans un domaine qui est étranger à l'État ! Donc à sa personne ! Il est déjà beau qu'il t'ait accordé la permission de publication parce que la jeunesse avait reçu beaucoup de fruits en son instruction de tes *Fables* choisies et mises en vers. »

Devant la moue que lui opposait son ami, Maucroix s'emporta avec douceur :

« Je peux comprendre que ta soif de gloire s'étende au théâtre ou à l'opéra ! L'épisode de *Daphné* avec Lulli ne t'a-t-il pas guéri ? Est-ce bien à moi de te faire ramentevoir* cela ? Et fais-moi le plaisir de cesser de croire, toi aussi, que les fables sont en dessous du reste ! Allons, allons, il faut donc que ce soit moi, ton plus vieil ami, ton premier lecteur, qui te rappelle encore une fois que les fables resteront ! Ne te l'ai-je pas dit cent fois ?

Que dis-je, mille fois ? La facilité apparente de ton style se retourne contre toi car il donne l'impression que tout un chacun peut t'imiter, malheureux ! Et pourtant, il paraît tout de même évident à qui sait lire que tu resteras parce que tu fais découvrir plus que tu ne montres. Tu possèdes cet art, en paraissant toujours t'occuper de bagatelles, de savoir placer un mot dans un grand ordre de choses. Est-ce à moi de te rappeler que la plupart des élus du Parnasse ne doivent point espérer trouver la gloire en leur temps ! »

La Fontaine ne bougeait pas, tendu dans l'écoute. Concernant son art, il n'y avait que François pour oser s'adresser à lui de façon si directe sans qu'il en soit ni affecté ni étonné, mais reconnaissant.

« Tu n'as en toi ni haine, ni cupidité, ni orgueil, et encore moins d'esprit d'intrigue... Mon ami, continua Maucroix, pour Louis et la Cour, ne cherche pas plus loin ce que tu m'as écrit toi-même : “On en use ainsi chez les grands, la raison les offense, ils se mettent en tête que tout est né pour eux, quadrupèdes et gens et serpents...” »

Il y eut un instant durant lequel La Fontaine arrangea le bureau qui lui couvrait les jambes en baissant son regard.

« Quitte un peu ton suspens* et sois saisi du service que tu rends aux belles lettres ! Combien de fois faudra-t-il que je te le rabâche ? N'écoute pas ceux qui te traitent d'imitateur, et n'en conçois aucun dépit ! Tes livres récemment parus prouvent absolument le contraire : une seule des dix fables vient d'Ésope ! Et encore en produis-tu une version très éloignée de l'original. Tes contempteurs ont-ils seulement lu Phèdre, Pline l'Ancien, Louise Labbé, Mathurin Régnier ou Thomas Killis ! »

Excité par ses propos, Maucroix avait le torse penché en avant. Et il persévérait :

« Sur cette affaire-là, La Bruyère et Furetière n'ont point tort, la littérature c'est d'abord et ce sera toujours connaissance profonde des lettres ! Et les tiennes ne bayent pas aux corneilles en cela qu'elles transportent des choses si justes que tout le royaume et au-delà en prend connaissance et les loue fort ! Ta dernière livraison des *Fables* d'il y a quelques mois montre assez ta gloire. Allez, reconnais enfin que l'estime dans laquelle t'ont mis tes *Fables* t'a bien revanché !

– Voyons, tu exagères quelque peu, lâcha dans un souffle La Fontaine d'une voix frêle, tu sais bien que ne pas louer son siècle revient à parler à des sourds ! Et que je n'ai jamais donné ni de théâtre ni d'opéra de haute renommée. Que certains sujets nobles sont pour moi trop hauts et qu'à la fin des fins je manque de voix.

– Tu as fait bien mieux que ça, l'ami ! Ton siècle, Jean, tu lui as donné figure ! Et, dans des siècles, on lira tes *Fables* comme on lit encore Homère de nos jours ! Car la République des lettres sait que tu as octroyé les plus nobles choses qui soient : la douceur et la lumière ! Tu as rendu la sagesse plus persuasive en la rendant plus accessible. Tes écrits ne correspondent peut-être pas à l'orgueil royal mais à l'état véritable du royaume ! Tes *Fables* n'ont point opéré de retranchements de la misère ni de l'intrigue des petits et des grands, de la bassesse des courtisans, de l'amour de la flatterie... *Peuple caméléon, peuple singe du maître...* Et comprends, à la fin des fins, que tu es un génie supérieur qui se méconnaît faute de se regarder avec assez d'attention ! »

Lorsqu'il vit que la mélancolie avait quitté pour de bon le visage de son hôte, Maucroix se tempéra, se passa la langue sur les lèvres et se tut tout à fait. Jean de La Fontaine eut une mimique qui traduisit sa gêne et prit alors la parole afin, dit-il, de revenir sur les propos dont il l'avait entretenu dans sa dernière missive. Il s'agissait ni plus ni moins du dernier tome de ses *Fables*, c'est-à-dire pour l'essentiel de la matière du Discours à Mme de La Sablière à la fin du livre IX. Il avoua avoir emprunté à Gassendi de quoi nourrir sa résistance à la fable cartésienne du monde. À ce sujet, il cita l'*Abrégé de Gassendi* de Bernier, *Le Syntagma*, de Gassendi aussi, *Le Livre des lumières ou la Conduite des rois* attribué au brahmane Bidpaï et, coupant là l'énumération, il déboucha sur un :

« J'ai tâché d'y mettre toute la diversité dont j'étais capable. »

Quant à la dispute avec Descartes, ainsi qu'il le lui avait écrit, la réception par le public des dernières *Fables* l'avait rassuré. Et cela avait au moins le mérite de la clarté. Car si, par ailleurs, la philosophie de Descartes était engageante, ce qu'il débitait des bêtes, en revanche, était tellement grossier, voire révoltant pour l'intelligence ! Enfin, un esprit si fort affirmer qu'un animal est une machine, qu'en lui tout se fait sans choix et par ressort, qu'il n'y a en lui nul sentiment, point d'âme, comme une montre qui chemine, tout de même !

« Tu lui as fort bien répondu ! articula calmement Maucroix. La vie rappelle toujours la réalité aux doctrines par trop serrées. Ton cerf, ta perdrix, tes castors, tes rats et ton renard ont plus fait pour la vérité du genre animal que tous les traités de nos doctes penseurs ! Tu as eu raison de montrer que la crainte donne de l'esprit aux bêtes. C'est une débauche du raisonnement à la fin que d'en avoir osé faire des machines ! »

Se levant soudain tout en tenant son bureau d'une main, La Fontaine attrapa le chandelier, laissant Maucroix dans la pénombre et alla fouiller dans les tiroirs de son secrétaire. Après un moment, il en revint avec une feuille de papier où s'étalait une écriture à la calligraphie longue et étirée. Il la tendit à son ami qui, cherchant à l'intérieur de son balandran qui avait séché puis de sa soutane, sortit une paire de bésicles pendant que La Fontaine posait le chandelier sur le guéridon. Une fois réinstallé, avec sa couverture sur les genoux, l'auteur lui déclara :

«Je t'en avais parlé et je croyais avoir égaré ce courrier dans le déplacement entre la rue Neuve-des-Petits-Champs et ici. Lis donc, il s'agit d'une ancienne correspondance du sieur de La Rochefoucauld avant la sortie du premier livre des *Fables*. Va, va, lis donc pour moi aussi !»

S'exécutant, Maucroix ajusta ses lunettes et lut hautement :

Il y a autant de diverses espèces d'hommes qu'il y a de diverses espèces d'animaux, et les hommes sont, à l'égard des autres hommes, ce que les différentes espèces d'animaux sont entre elles et à l'égard les unes des autres. Combien y a-t-il d'hommes qui vivent du sang et de la vie des innocents : les uns comme des tigres, toujours farouches et toujours cruels ; d'autres comme des lions, en gardant quelque apparence de générosité ; d'autres comme des ours, grossiers et avides ; d'autres comme des loups ravissants et impitoyables ; d'autres comme des renards, qui vivent d'industrie, et dont le métier est de tromper !

Combien y a-t-il d'hommes qui ont du rapport aux chiens... Il y a des chats, toujours au guet, malicieux et infidèles, et qui font patte de velours ; il y a des vipères dont la langue est venimeuse, et dont le reste est utile... Combien d'oiseaux passagers, qui vont si souvent d'un monde à l'autre, et qui s'exposent à tant de périls, pour chercher à vivre ! Combien de fourmis, dont la prévoyance et l'économie soulagent tous leurs besoins !

Toutes ces qualités se trouvent dans l'homme, et il exerce, à l'égard des autres hommes, tout ce que les animaux dont on vient de parler exercent entre eux.

«Voilà donc, François!»

Cela fut prononcé presque à voix basse. Les flammes des chandelles vacillèrent puis tremblèrent à cause d'un brusque courant d'air qui arriva de la fenêtre.

«Voilà, c'est la raison pour laquelle je me devais de lui rendre hommage dès le premier livre avec *L'Homme et son image.* Paix à son âme et que Dieu l'ait en garde, le brave homme! Ce que lui disait nettement, pour ma part, j'essaie de...»

Maucroix étendit la main l'arrêtant net dans son débit pour réciter:

Ce n'est pas aux hérons
Que je parle; écoutez, humains, un autre conte:
Vous verrez que chez vous j'ai puisé ces leçons.

«Ah, François, mon cher François!»

La Fontaine avait la figure transformée par un sourire radieux. À ces mots, le chanoine plia les branches de ses bésicles, les conservant en main, se dressa tout droit avec lenteur et précaution et lança tout à trac:

«Et si nous allions nous réchauffer un peu au cabaret?

– Alors là, mon vieux coteau*, si tu me prends par les sentiments!...» lui fut-il aussitôt répondu gaiement en guise de paiement de retour.

Deux rats cherchaient leur vie, ils trouvèrent un œuf. […]
Comme ils pouvaient gagner leur habitation,
L'écornifleur étant à demi-quart de lieue,
L'un se mit sur le dos, prit l'œuf entre ses bras,
Puis, malgré quelques heurts et quelques mauvais pas,
L'autre le traîna par la queue.
Qu'on m'aille soutenir, après un tel récit,
Que les bêtes n'ont point d'esprit !

Les Deux Rats, le Renard et l'Œuf

HIVER

1693

Soixante-douze ans,
rue Saint-Honoré, paroisse Saint-Roch,
actuellement rue Saint-Honoré,
1er arrondissement de Paris

Le cocher qui menait le carrosse à un seul fond avait la voix si enrouée et si effroyable qu'elle couvrait le bruit des roues sur le pavé. Les deux hommes durent interrompre leur entretien tout le temps qu'il mit à passer. À peine avait-il tourné dans la première rue, sans que le cocher ait cessé un seul instant de crier tant et plus, qu'un long et lourd fardier transportant des pierres de taille tiré par une file de chevaux, masses impressionnantes aux muscles puissants, lui succéda, les obligeant derechef à se taire.

Des deux quidams qui se trouvaient en conversation devant une modeste maison de la rue Saint-Honoré, le plus jeune portait la soutane et la calotte noire des abbés tandis que l'autre, qui affichait la soixantaine passée, chapeauté jusqu'aux oreilles, semblait disparaître à l'intérieur de son brandebourg. Le ciel était pur de nuages, le soleil luisait, triomphant, mais la température était si basse qu'ils marchaient de long en large afin de n'être pas gagnés par le froid. Un froid coupant.

Chaque respiration, chaque souffle, chaque mot prononcé se signalait par de la vapeur en abondance qui s'échappait de leurs narines, de leurs bouches, pour aussitôt s'évanouir dans l'atmosphère glacée...

Ce matin-là, l'abbé Pouget n'en menait pas large. Pour tout dire, il était même effrayé par la tâche qu'on lui avait confiée. À ses côtés, un dénommé Denis Delaine, ami commun du curé de Saint-Roch et du célèbre auteur des *Fables*, Jean de La Fontaine, essayait bien de le rassurer, mais en vain. En vérité, le jeune Pouget avait d'abord voulu se dérober mais le curé, son supérieur, avait insisté. C'est que le sieur de La Fontaine n'allait pas bien, pas bien du tout. On le disait épuisé, usé, sans le moindre feu et, pour tout dire, pas très loin de passer.

Devant cet état de fait, le curé de Saint-Roch s'y refusant à y aller lui-même, en raison de la réputation par trop sulfureuse du poète, avait décidé de lui dépêcher son vicaire, lui, Pouget, jeune abbé de vingt-six ans à l'esprit vif, tout nouveau docteur en Sorbonne. Et finalement, Pouget avait bien dû se soumettre.

Seulement, il se désolait lui aussi que Jean de La Fontaine, personnage considérable, fût l'auteur d'ouvrages scandaleux et infiniment pernicieux, ses *Contes*.

Denis Delaine lui objecta, là, parmi les embarras de la rue Saint-Honoré, sur un ton qui se voulait rassurant, que la question avait déjà été soulevée lors de son entrée à l'Académie, après la mort de Colbert qui avait laissé une place libre. Il raconta qu'après avoir différé son verdict, et cela alors que l'auteur de *La Cigale et la Fourmi* avait été élu en son sein, le roi, à qui revenait la décision finale, avait laissé l'Académie dans l'incertitude. En fait, Louis XIV agissait dans le dessein que Boileau fût élu. Il avait donc suspendu l'élection du fabuliste jusqu'à celle de Boileau-Despréaux. Et quand cela arriva, il annonça qu'il ne voyait plus d'obstacle à l'entrée à l'Académie de La Fontaine.

De toute évidence, Louis XIV estimait que la dignité qui ressortait de la vie de Boileau, la discipline qu'il faisait régner dans les lettres, représentaient pour son règne des ornements sans doute plus recommandables que les *Fables* et surtout que les *Contes* de Jean de La Fontaine que, par ailleurs, Mme de Maintenon jugeait d'un œil très sévère. C'est ainsi que, le jour où Boileau fut élu, l'abbé Testut courut, depuis les appartements du Louvre abandonnés par le roi à l'Académie française, annoncer la nouvelle jusqu'à Versailles. Le roi se montra ravi et le fit savoir: «Le choix qu'on a fait de Despréaux m'est très agréable et sera généralement approuvé. Vous pouvez recevoir incessamment La Fontaine: il a promis d'être sage.»

Il est vrai que le poète avait déjà pris soin, relata encore Delaine, de publier dans *Le Mercure galant* une ballade au roi où il renouvelait sa promesse de renoncer aux *Contes*. Cependant, l'abbé Cureau de La Chambre, chargé de l'accueillir à l'Académie, avait grand-peine à dissimuler son indignation de voir l'auteur des *Contes* promu à l'immortalité. Cela paraissait au-dessus de ses forces. « Ne comptez pour rien, monsieur, tout ce que vous avez fait par le passé », lui avait-il lancé d'emblée en guise d'accueil.

Racine, précisa Delaine, dont le bout du nez était rouge de froid, m'a rapporté que Cureau de La Chambre avait adressé à La Fontaine une admonestation d'une incroyable sévérité.

Comme, après avoir articulé cela, Delaine souriait pour lui-même, l'abbé lui en demanda la raison. Celui-ci lui rapporta que, le jour où La Fontaine fut élu par l'Académie, le président, M. de Roze, élu sans avoir jamais écrit autre chose que les signatures du roi, autre ennemi juré du fabuliste (ça ne manquait pas), et irascible petit vieillard, avait ostensiblement jeté sur la table un volume des *Contes*, proclamant avec dépit : « Je vois bien, messieurs, qu'il vous faut un Marot. » Chaque académicien présent dans l'hémicycle avait parfaitement entendu le double sens. Et depuis sa place, sans même se lever de son siège, Benserade avait dans l'instant répliqué : « Et à vous une marotte ! ».

L'à-propos de la repartie avait déclenché les rires de ses collègues aux dépens de M. de Roze. À entendre cette anecdote, le jeune abbé lorgna vers le sol et concéda un sourire timide. Percevant, de manière intuitive, qu'il n'avait pas emporté la décision, Delaine, qui tapait dans ses mains gantées de peau autant pour se réchauffer que dans le but de s'encourager, poussa plus avant son discours. Il raconta encore que, à l'encontre d'un usage inviolable de l'Académie, le discours de La Fontaine ne fut pas imprimé conjointement à celui du directeur qui lui était adressé à lui, l'impétrant. C'est que, en dehors de tout usage, il avait pris fantaisie à M. l'abbé de la Chambre de faire imprimer sa réponse tout seul, sans la harangue de M. de La Fontaine. Et de plus, Cureau l'avait portée non à l'imprimeur de l'Académie mais à son imprimeur personnel. De la sorte, poursuivit Delaine, sa harangue de surveillant eut les honneurs de l'impression pendant que celle de M. de La Fontaine fut le plus simplement du monde rayée.

«Voyez, monsieur, dit encore Delaine à l'adresse du jeune abbé, La Fontaine a fait les frais de cette mesquinerie. Ce qui explique pourquoi Perrault fut au regret de ne pouvoir envoyer le discours imprimé à Mgr Huet qui le voulait. Mais, pour en finir, quand, le jour de sa réception, M. de La Fontaine eut fermé* toutes ses lectures, il l'a produit par une nouvelle fable de sa façon. *Le Renard, le Loup et le Cheval*, qui reçut alors beaucoup d'applaudissements. Non, non, croyez-m'en, vous n'avez pas à avoir de crainte, cet homme n'est point méchant. Loin de là ! C'est que, le plus naturellement du monde, il aime la vie, savez-vous ! »

Et, emporté dans son élan, Denis Delaine débita encore que La Fontaine n'était pas d'esprit à se revancher*. Il n'avait, par exemple, jamais attaqué personne à la seule exception de Furetière dont il n'avait fait, après tout, que se défendre ! Car, outre sa sortie contre les *Contes*, ce dernier l'avait éreinté de manière tellement basse et ordurière lors de l'affaire du Dictionnaire qu'il n'avait pas laissé d'autre choix à La Fontaine que de répliquer ! Oui, parce que, enfin, Antoine Furetière, l'ancien ami, n'avait tout de même pas hésité à écrire que Jean de La Fontaine se vantait d'un malheureux talent qui consistait en l'art d'envelopper les saletés et de confire un poison fatal aux âmes innocentes ! Et puis encore que la force de son génie ne s'étendait que sur les saletés et les ordures, sur lesquelles il avait médité toute sa vie. Enfin que des aménités de ce genre !... Alors que la vérité voulait que La Fontaine eût publié *La Captivité de saint Malc* d'après *La Vie des Pères du désert* que son ami, Arnauld d'Andilly, avait traduite. Et puis n'est-ce pas dans son *Saint Malc* qu'il résumait cette pensée à laquelle il avait fini par se rallier, à savoir que la sagesse divine rend ses oracles avec plus de majesté et d'élévation dans l'écriture sainte que les Virgiles et les Horaces ! Et cela, sans remonter jusqu'à son premier recueil des *Fables* où déjà il invoque l'Évangile par quoi la vérité s'est exprimée au monde.

« Ce sont ses mots, je vous l'assure ! lança-t-il au vicaire qui recevait tout sans broncher. Il est même allé jusqu'à se faire scrupule d'avoir trop puisé dans l'œuvre païenne des Anciens et jusqu'à se demander s'il était permis de mêler ce que nous avons de plus sacré aux emprunts qu'il avait faits à l'Antiquité ! Allez, il pouvait bien se détendre, l'abbé, Jean de La Fontaine, tout personnage renommé qu'il était, n'irait pas jusqu'à le manger ! »

D'une voix qui trahissait l'angoisse, l'abbé Pouget, qui stationnait sur le haut du pavé en fourrant ses mains à l'intérieur de ses manches, interrogea son interlocuteur pour savoir s'il était vrai, comme l'avait écrit La Bruyère, que La Fontaine paraissait grossier, lourd, voire stupide, qu'il ne savait pas parler et qu'il ne savait en fin de compte qu'écrire.

Aussitôt, Delaine frappa joyeusement dans ses mains et lui répondit, en ralentissant soudain son débit, qu'avec les gens qu'il ne connaissait point, ou qui ne lui convenaient pas, souventes fois il offrait un visage triste et rêveur. En revanche, dès que la conversation l'intéressait et qu'il prenait parti dans la dispute, ce n'était plus un homme rêveur, c'était un homme qui s'exprimait alors beaucoup et bien. C'était La Fontaine tel qu'il était dans ses livres ! Voilà, il ne pouvait pas mieux dire !

« Ah ! lâcha le jeune abbé que cette réponse n'avait, semble-t-il, pas rassuré davantage. »

Delaine lui fit une petite tape amicale dans le dos en l'invitant, cette fois-ci, à pousser la porte et à monter l'escalier qui menait à la chambre où se reposait le poète parce que, sinon, ils allaient mourir gelés ! La femme qui gardait le logis et qui ouvrit la porte n'était ni jeune ni vieille, c'était une femme du peuple. D'une mine revêche, elle les examina de manière suspicieuse puis les fit entrer en recommandant de ne pas le fatiguer, car il était tombé dangereusement malade depuis quelques jours.

Ce à quoi elle ajouta en bougonnant qu'il n'y avait rien de plus normal avec ce temps épouvantable qu'il faisait depuis quatre années de suite en France. Que c'était pas permis des calamités pareilles ! Les deux visiteurs s'avancèrent avec discrétion, avec retenue même, afin d'aller au-devant de Jean de La Fontaine. Paraissant tassé sur lui-même, il était assis dans son lit. D'un appui de ses mains, avec précaution et peine, le malade se tourna.

Que ressentir d'autre alors pour le jeune vicaire qu'une impression considérable devant l'écrivain en même temps que la découverte physique d'un homme, tout simplement. Si Delaine souriait, le vicaire demeurait le visage fermé, tendu. Malgré son affaiblissement, le poète qui était en chemise portait perruque, d'un brun châtain et assez imposante. Ce qui renforçait la pâleur déjà extrême de son teint et le faisait paraître plus petit qu'il n'était. Sous la paupière lourde et gonflée, on ne voyait que les yeux bleus percés d'une pupille noire. Ils fixaient sur le couple qui venait d'entrer, et dont les vêtements exhalaient le froid du dehors, un regard auquel on sentait que rien n'échappait.

Jean de La Fontaine, vieillard diminué, visiblement fragile, adressa un sourire, ouvrit un peu les bras en signe d'accueil et d'une voix faible, invita les deux hommes à prendre place dans les fauteuils disposés de part et d'autre du lit. Sur une chaise, tout à côté, gisait un manteau de noir moiré pourvu de magnifiques manchettes. La servante le débarrassa. Tout de suite, en dépit de son état, le poète se montra fort aimable, s'excusant de se trouver cloué au lit et de devoir s'exposer de la sorte.

«J'ai quelque répugnance à me montrer dans la position où je suis.»

Se frottant longuement les mains desquelles il avait retiré les gants, Denis Delaine précisa qu'il était venu prendre de ses nouvelles et que l'abbé Pouget l'accompagnait. D'un modeste signe de tête, le fabuliste acquiesça puis, d'une voix ténue mais qui marquait la décision, il présenta quelques compliments d'usage puis parla. Il n'aborda alors rien de lui-même et s'engagea sans tarder dans l'évocation de Mme de La Sablière. Sagement assis, un peu contraints dans leur maintien, les deux visiteurs prêtaient une oreille attentive.

On la savait malade, très malade, mais, l'été dernier, il avait appris que sa chère amie était condamnée. D'une dureté au sein qu'elle avait depuis deux ans, le chirurgien des Incurables lui avait révélé qu'elle était malheureusement d'une qualité maligne. La vérité était qu'il y avait longtemps que sa santé était ébranlée. Elle lui avait avoué être, depuis l'hiver 1690, sujette à des tremblements de cœur et à des cessations presque de mouvement qui lui épuisaient le cerveau à tel point qu'il lui semblait parfois qu'elle allait mourir. Elle lui avait dit aussi que ce qu'elle sentait depuis ce temps-là, c'étaient des anéantissements de corps inexprimables ainsi qu'une douleur qui ne pouvait être comprise que par quelqu'un qui l'aurait lui-même sentie.

Après une courte pause, Jean de La Fontaine reprit, s'exprimant comme s'il avait pensé tout haut, une fois, elle s'était, enfin, elle était allée jusqu'à s'accuser comme d'un péché d'avoir cherché la consolation en parlant de son état à une malade des Incurables qu'accablaient les mêmes symptômes qu'elle. Depuis qu'elle avait laissé la maison de la rue Saint-Honoré afin de s'installer un peu plus loin, rue Rousselet, Mme de La Sablière n'aspirait plus qu'à la solitude, au dépouillement.

Le vieil homme soupira avec peine. À présent, sa voix était devenue douce et un peu plus lente. Du reste, continua-t-il, elle confiait volontiers que, quand elle était dans sa maison qu'elle avait fait faire ou bien dans l'hôpital où elle avait un logement, il lui semblait ne pas être chez elle tant elle avait l'esprit convaincu qu'il n'y avait plus rien dans le monde qui lui appartînt.

En toute franchise, compléta le poète, elle ne vivait plus que de pain et d'eau. Dernièrement, elle avait accepté de prendre du lait, mais son mal progressait. Présentement, son amie n'avait plus assez de forces pour se rendre aux Incurables. Elle demeurait confinée rue Rousselet et n'en sortait plus du tout.

La Fontaine se tut. Son teint était d'une pâleur extrême. Des petits poils de barbe gris apparaissaient çà et là sur le méplat des joues, à la base du nez, sur le menton. À l'autre bout de la chambre, derrière le paravent carmin, la garde-malade s'agitait silencieusement. La voix de La Fontaine s'éleva de nouveau, usée, presque éteinte. Depuis la disparition de l'abbé Rapin, l'abbé Rancé était son confesseur.

Le poète avait encore en mémoire ce qu'elle lui avait écrit l'été dernier: «Je vois que le silence, la souffrance et la paix sont tout ce qui m'est nécessaire. Devant le Seigneur, c'est là que l'on doit s'aimer simplement et uniquement: tout le reste n'est qu'illusion, et d'autant plus grande qu'on croit pratiquer la charité.»

Jean de La Fontaine abaissa le doigt qu'il avait levé et interrompit à nouveau la relation de ce discours avant de reprendre: «Je suis plus heureuse que je ne pourrais vous dire: je suis avec Dieu et mes souffrances, que je regarde comme des marques de Sa bonté pour moi.»

Denis Delaine ainsi que l'abbé Pouget – ce dernier s'était détourné afin de se moucher discrètement – paraissaient tout ouïe. Après avoir posé son regard sur l'un et l'autre, un regard quelque peu vide, tout intérieur, La Fontaine fixa un point imaginaire et reprit la parole pour évoquer ce jour d'octobre 1685 où, dans Paris, les hérauts sonnaient de la trompe à tous les carrefours, à toutes les places, et lisaient l'édit de la Révocation devant le peuple qui manifestait son enthousiasme en poussant des clameurs.

Ce même peuple de Paris qui s'était précipité à Charenton pour détruire le Temple… Non, lui, La Fontaine, n'avait pas vu cela. Il causait bas comme s'il s'était causé à lui-même. Bien sûr, il avait lui-même sacrifié à l'éloge de la Révocation, oui, deux ans après cet octobre 1685. À cette époque, Mme de La Sablière était déjà convertie depuis quelques mois et même pensionnée par le roi qui l'avait ainsi récompensée pour cette action. Mais cette conversion n'avait nullement empêché que son propre fils fût enfermé à la Bastille, que le domicile de son gendre Muisson fût envahi par les archers qui y dérobèrent les enfants pour les lui amener à elle, leur grand-mère ! Il était chez elle quand cela était arrivé. Quant à Mme Muisson, elle avait été délivrée par abjuration et par celle de son mari, après avoir été enfermée aux Miramonnes.

N'empêche, les deux époux avaient fini par s'enfuir brusquement en Hollande au milieu de 1687. Quant au fils de Mme de La Sablière, il était parti pour Londres. Le tout avec moult péripéties : arrestation, fuite. Et, dans la suite, leurs filles, toutes en bas âge, avaient été arrêtées dans une auberge et puis remises, elles aussi, à leur grand-mère. Du coup, elle s'était retrouvée chargée de ses sept petits-enfants, oui, Mme de La Sablière ! Il le savait, car il se trouvait chez elle, avec elle quand ces épreuves étaient intervenues. Quelle saignée que cette Révocation !...

Le poète balançait imperceptiblement la tête et s'avisa tout à coup, les yeux pleins d'étonnement, de savoir si ses hôtes ne désiraient pas une boisson. Ce qu'ils, tout en s'inclinant chacun à leur tour, refusèrent de manière cérémonieuse. Il s'avéra que Jean de La Fontaine parut traverser un moment de faiblesse extrême. L'un et l'autre s'apprêtèrent à se précipiter pour le soutenir.

Très vite, de la vigueur lui revint et il reprit le cours de son récit en rapportant qu'après tout cela Mme de La Sablière n'avait pas hésité à déclarer qu'il fallait respecter ceux qui les persécutaient et les regarder comme les exécuteurs de la justice de Dieu. Par la suite, déplora-t-il en se redressant dans ses oreillers, la pauvre femme avait terriblement baissé. Toute distraction qu'on lui proposait avait un effet de l'irriter au lieu de l'apaiser.

Certes, raconta-t-il encore, son amie demeurait toujours douce et recueillait par l'amorce d'un sourire les plaisanteries qu'il faisait. Dans ces conditions, rapporta-t-il, je n'osais plus risquer une histoire gaie. C'est bien simple, vous savez, un jour elle m'a dit :

« En vérité, mon cher La Fontaine, vous seriez bien bête si vous n'aviez pas tant d'esprit. »

Il y eut de nouveau un silence qui dura assez longtemps et durant lequel ni Delaine ni Pouget n'osèrent ouvrir la bouche. Ils entendaient les bruits de la rue, des grincements de roues, des couinements d'animaux, les cris des marchands… Quand on l'observait, avec son regard perdu, on comprenait que Jean de La Fontaine avait l'âme en peine.

« Et mon ami Tallemant, déclara-t-il soudain, parti en novembre ! Ah, messieurs, les chandelles coulent, fondent et s'éteignent les unes après les autres. »

Il releva le menton en répétant le nom de Tallemant des Réaux.

« Que d'histoires il a glanées ! Avec Maucroix, ils étaient les meilleurs amis du monde ! C'est que François faisait provision des histoires de Tallemant en vue d'égayer les conversations à Reims… Ah, on l'a enterré là, en novembre… Vous savez, avec lui, Tallemant… Maucroix et Racine aussi ! Oui, oui, nous avons passé de sacrés moments ! »

Il eut un geste de la main qui tournoya devant lui mimant un tourbillon creux.

« Même si, depuis l'échec de *Phèdre*, Jean s'est retranché un peu, qu'il est devenu aussi scrupuleux et qu'il vit en dévot assez retiré, il n'en est pas ni moins spirituel ni moins courtois que naguère. Oh, ça non ! Les parties de reversi et de piquet… Il crachait pas dessus, le Racine ! Et les promenades !... Aux beaux jours, on n'hésitait pas une seule seconde à s'étendre sur le gazon des Tuileries... L'opéra, oui, l'opéra aussi. Ah, *Proserpine* était très bien... Quant à *Cléopâtre*, c'est bien simple, on s'est tous endormis ! »

Il eut un début de petit rire qui se perdit dans la conscience de son devoir envers ses hôtes. Se tournant tour à tour et tout à fait vers ses visiteurs, il écarquilla les yeux et s'adressa au nouveau venu.

« Ainsi donc, vous êtes le nouveau vicaire ! Et comment va notre bon curé de Saint-Roch ? Quand vous le verrez, portez-lui mon compliment. Je l'aime bien, vous savez !... Vous êtes janséniste ?

– Non pas, monsieur ! Je suis docteur en Sorbonne... depuis six mois ! Et suis très honoré de pouvoir vous rencontrer, vous qui...

– Ah, fort bien ! coupa La Fontaine, d'une voix toujours frêle mais néanmoins tout à fait audible, qui, ayant toussé pour se nettoyer la voix, enchaîna aussitôt en divulguant. Savez-vous que je me suis mis depuis quelque temps à lire le Nouveau Testament. Je vous assure que c'est un fort bon livre ! Oui, par ma foi, c'est un fort bon livre. »

Il s'arrêta, paraissant hésiter, chercher ses mots, puis poursuivit quelque peu interrogatif.

« Mais il y a un article sur lequel je ne me suis pas rendu, c'est l'éternité des peines. Oui, vraiment, voyez-vous, je ne comprends pas comment cette éternité peut s'accorder avec la bonté de Dieu ?»

Durant le discours, le jeune abbé oscillait du torse et de la tête d'un seul tenant, sans paraître s'en apercevoir et à un rythme lent, puis, s'immobilisant, il répondit d'abord en riant que, si l'enfer existait, il n'y avait personne ou si peu. Puis, ne pouvant s'en tenir à une boutade et ayant ces matières présentes à l'esprit parce qu'il sortait tout droit des bancs de la Sorbonne où ces questions étaient fort agitées, il argumenta un peu. Il lui exposa notamment sur cela, avec étendue et vivacité, les principes de saint Augustin et des autres pères théologiens. Cela devint un peu ennuyeux à la longue mais La Fontaine écoutait avec une indéniable attention et bienveillance. Sous la fougue du vicaire, il flairait la sincérité, la conviction à l'œuvre. Son intrépidité le touchait, l'attendrissait. Il lui communiquait quelque chose de l'énergie de sa jeunesse. Prenant au fur et à mesure de l'assurance, le vicaire s'exprima plus librement, plus brillamment.

À un moment de la conversation, pivotant puis se penchant vers Denis Delaine qui s'inclina vers lui pour mieux l'entendre, le malade se montra si content de ce garçon, de son tempérament et de son esprit vifs, qu'il déclara que, puisqu'il avait demandé les secours de la religion, le viatique apporté à ceux qui se trouvaient en danger de mort, et que Mme de La Sablière l'avait engagé à mettre son âme en repos, il lui fallait se confesser à cause de l'état où il se trouvait. Assurément, il lui était offert la possibilité de se confesser à son jeune visiteur !

Cette dernière parole avait été prononcée à haute et intelligible voix. Entendant cela, l'abbé Pouget se redressa sur son séant et se mit à rosir de la base du cou à la pointe des oreilles. Puis l'on causa encore, surtout Delaine, de la dernière version publiée des *Fables* et ensuite l'on se sépara de manière heureuse et très chaleureuse.

Durant cet entretien, deux heures d'horloge avaient passé. Une fois dehors, saisis par le froid, après qu'ils eurent fait quelques pas sous un soleil superbe et haut qui éclairait leurs faces à les éblouir, Denis Delaine interrogea le vicaire sur son impression. Et comme l'abbé Pouget qui avait retrouvé des couleurs souriait d'une manière soutenue, Delaine lança :

« Eh bien, ne vous l'avais-je pas dit, c'est le meilleur des hommes ! »

Ce à quoi le jeune abbé, qui avait attrapé tout à coup un air inspiré par sa tâche, lui fit remarquer que M. de La Fontaine lui semblait un homme à la fois fort ingénu et fort simple, avec beaucoup d'esprit, mais précisa-t-il, sur un ton péremptoire, assez vague dans l'ordre des convictions religieuses.

« Je dirai même, spécifia-t-il, un homme abstrait qui ne pense guère de suite et qui paraît parfois très distrait.

– Eh oui ! s'empressa d'enchérir Denis Delaine, cet homme est le plus distrait de la terre ! »

Et il lui conta notamment qu'un jour à Antony, chez des amis, il ne vint point dîner et parut après. Quand on lui manda d'où il venait, il répondit qu'il avait assisté à l'enterrement d'une fourmi. Qu'il avait suivi le convoi de ces insectes dans le jardin, qu'il avait reconduit la famille jusqu'à la maison, qui était bien sûr la fourmilière, et qu'il avait fait là-dessus une description de ces petits animaux qu'il avait du reste portée dans ses écrits.

Il débita encore au vicaire qu'un après-midi, voulant se rendre à Paris depuis Bois-le-Vicomte où il se trouvait chez les d'Hervart où il avait pris feu pour une jouvencelle de quatorze ans qui répondait au nom de Mlle de Beaulieu, il avait marché tout droit pour se retrouver, le soir même, au village de Louvres au lieu d'être aux portes de Paris ! Puis, se rappelant soudain qu'il parlait à un prêtre, il se ravisa en disant que, à bien y réfléchir, le poète, à l'image de ses congénères, était en fait davantage ailleurs que distrait, rajoutant que seules les passions modérées étaient les instruments de son bonheur et se pressant d'en revenir à l'état de santé dudit La Fontaine ainsi qu'au salut de son âme...

L'après-midi du même jour, le jeune vicaire rendit une seconde visite à La Fontaine. Il le trouva toujours alité, avec le visage un peu plus émacié que le matin. En dépit de son état, le poète lui fit le meilleur accueil. L'ayant écouté sur le secours aux mourants que l'Église était en mesure d'apporter, le fabuliste commença à lui avouer que l'influence de Mme de La Sablière jointe à celle de son ami Jean Racine avaient été d'un grand poids dans le fait qu'il ait consenti à relire les Évangiles.

Continuant à s'entretenir avec lui de religion, le poète mentionna le père Bouhours ainsi que le révérend Pierre Daniel Huet et le père Rapin qui avait converti Mme de la Sablière. Mais aussi François de Salignac de Fénelon, présentement précepteur de l'héritier du trône de France, le duc de Bourgogne, pour lequel il avait composé des fables en prose.

Oui, l'abbé Pouget avait été informé sur cela, mais le jeune ecclésiastique confia qu'il ignorait l'amitié entre l'auteur et Fénelon. La Fontaine prit du temps et choisit son vocabulaire afin d'exprimer son admiration pour Fénelon. Continûment, d'une voix au débit faible mais ferme, il énonça que ce qu'il appréciait par-dessus tout chez lui consistait en la teneur de l'éducation qu'il dispensait à son auguste élève. En particulier sur le chapitre de la guerre !

Déjà, lorsque Louis XIV s'était engagé en 1686 dans le conflit contre la ligue d'Augsbourg, Fénelon n'avait-il pas écrit *Les Dialogues des morts* pour l'institution de son élève ? Et pour preuve de ce qu'il avançait, il le cita : « Toutes les guerres sont civiles : car c'est toujours l'homme qui répand son propre sang, qui déchire ses propres entrailles. » Et dans le *Télémaque*, croyez-vous qu'il y aille de main morte ? Non pas : « Ainsi, un seul homme, donné au monde par la colère des dieux, en sacrifie tant d'autres à sa vanité ! Quelle gloire monstrueuse ! Peut-on trop abhorrer et trop mépriser des hommes qui ont tellement oublié l'humanité ? » La Fontaine savait tant de choses que l'abbé Pouget l'écoutait parfois la bouche entrouverte.

Bref, l'après-midi de ce jour-là, les deux hommes firent plus ample connaissance. Intimidé visiblement, impressionné, le tout jeune vicaire se taisait, laissant le plus souvent la parole à son hôte qui se montrait, autant que faire se peut, enchanté d'avoir avec qui parler. De surtout ne pas se trouver seul à ruminer de tristes pensées. Avec Pouget, à la fois évidente et rigoureuse, la vie pénétrait son logis. C'est pourquoi, quand il arrivait que le vicaire prenne la parole, ratatiné parmi ses oreillers que la servante venait de temps à autre lui arranger, mais l'œil vif, Jean de La Fontaine écoutait et écoutait bien ce qui lui était exposé. Lorsqu'il le quitta, descendant l'escalier qui menait à la rue, l'abbé Pouget se fit la réflexion que M. de La Fontaine n'était pas absolument un mécréant mais un homme qui, comme tout le monde à peu près, n'avait jamais fait de la religion son capital. Et qu'il lui revenait, puisque tel était le destin, à lui, vicaire de Saint-Roch, de lui rappeler les devoirs que tout un chacun a envers Dieu.

Le lendemain, au grand contentement du poète, l'abbé Pouget lui rendit deux visites, l'une le matin, l'autre en fin d'après-midi. Il renouvela cette entreprise durant douze jours. Cela se fit sans concertation mais par la volonté tacite et conjointe de l'abbé et du fabuliste. Se vivant tous les deux comme chrétiens, comme sujets du Très-Haut, ils s'acquittaient là d'une sorte de rite entendu. Bien qu'affaibli, paraissant par moments presque mourant, La Fontaine se montrait heureux des visites soutenues du vicaire, de l'amitié qu'il lui faisait d'être présent en cette période pour lui éprouvante.

En outre, les sujets graves n'étaient point faits pour effrayer le vieillard mais sa santé si vacillante, si chancelante parfois, l'empêchait quelques fois de poursuivre ces débats et il tombait alors dans de longs silences. Aussi, patiemment, demeurant dans son fauteuil, le vicaire attendait. Quant aux propos usités par ce dernier, en quelque sorte, ils ne quittaient plus l'enceinte de son apostolat. Ainsi quand La Fontaine préconisait au défaut de la fortune les qualités de l'esprit, ou encore les vastes pensées, Pouget rétorquait par exemple : « Gardez-vous bien de le croire, parce que toutes nos pensées qui n'ont pas Dieu pour objet sont du domaine de la mort. »

Une fois, le jeune Pouget avait eu recours au grand saint Ambroise en débitant que la merveille de la mort dans les chrétiens était qu'elle ne finissait pas leur vie mais qu'elle ne finissait que leurs péchés et les périls où ils étaient exposés. À ces mots, Jean de La Fontaine s'immobilisait et ne soufflait mot, se retenait de respirer, le regard tout à coup fixe, marqué par le découragement, la résignation, une étrange expression obtuse sur le visage...

La santé du vieux Jean de La Fontaine se détériora, en ces derniers jours de décembre. À la Saint-Sylvestre, il eut de très mauvaises fièvres puis se sentit mieux dans les premiers jours de janvier, mais il demeurait très faible et la femme chargée de le garder se trouvait contrainte de veiller sur lui comme sur son propre enfant. Néanmoins, Pouget poursuivait les deux visites journalières durant lesquelles il n'avait de cesse d'accomplir son devoir et de faire porter les échanges essentiellement sur la religion...

Une de ces fois où La Fontaine s'inquiétait terriblement de Mme de La Sablière qu'il savait être au plus mal et incapable de quitter son lit, mourante sûrement, l'abbé Pouget lui déclara qu'il lui fallait à présent penser à son âme. La servante s'arrêta dans ses occupations et baissa la tête afin de mieux observer son maître, guettant une réaction. La Fontaine ne montra aucun signe de surprise quant aux propos tenus par le vicaire. Redressant son visage, il avait alors porté sur lui son regard bleu. Sans nul doute lui fallait-il écouter Dieu qui s'adressait à lui par la bouche de ce jeune abbé sans expérience mais tellement pétri de conviction et de foi !

Cependant, son regard qui ne quittait plus l'abbé révéla une hésitation. Cela dura peu, car le vicaire avait décidé de porter un grand coup. Pour ce faire, il quitta son fauteuil, se dressant d'un bond, arpenta la pièce de long en large pour assurer, d'une voix bien timbrée, que l'heure des tergiversations était passée et qu'une confession s'imposait. Ne laissant pas le temps au malade de réagir, il lui assena que ce ne serait pas lui, trop débutant, qui recevrait cette confession, mais un prêtre mieux autorisé.

Le vieillard, car, à ce moment-là, Jean de La Fontaine ressemblait à un pitoyable vieillard, entrouvrit les lèvres dans le but de protester, mais aucun son ne sortit. Dans une timbale, on lui apporta de l'eau bouillie et refroidie qu'il ingurgita par petites gorgées et, après quelques secondes, les yeux brillants, le vieil homme parvint à émettre des intonations puis à prononcer des paroles. Longiligne dans sa soutane, Pouget se tenait debout derrière le fauteuil, les deux mains agrippant le dossier. Du fin fond de son lit, le poète proféra qu'il se désolait de devoir faire sa confession à un inconnu, aussi – il avala sa salive – le priait-il, lui, l'abbé Pouget, de bien vouloir être son confesseur. Car, pour tout dire, il n'en désirait point d'autre ! Comme le vicaire ne répondait rien, La Fontaine, dont la voix avait diminué au point de passer au mince filet, insista jusqu'à émettre des supplications.

Le temps semblait suspendu à cette voix de vieillard geignard. Soit ! Le jeune abbé accepta. Toute sa figure avait blanchi, ses lèvres s'étaient serrées. Il avait lancé sa réponse dans un éclat de voix. Il consentait. Toutefois, il y mettait des conditions. L'œil bleu du fabuliste qui le regardait ne bougeait pas. Une confession générale, la chose était entendue ! Néanmoins, il lâcha le dossier du fauteuil, il convenait d'y adjoindre une amende honorable qui soit publique ! Et ses *Contes*, il fallait promettre de ne plus aider à leur débit, pour la raison qu'ils étaient pernicieux. Et il recommença à marcher de long en large sous l'œil excédé de la servante.

« Les *Contes* ? répéta comme en écho Jean de La Fontaine à bout de forces, les *Contes* mais pourquoi donc ? Pernicieux, allons bon ! De grâce, voilà les fagots* répandus par Furetière qui recommencent ! »

S'étant repris, il avait prononcé chaque mot à voix basse mais distinctement. Le sang affluait à sa figure. Et se redressant à l'aide de ses bras dans l'oreiller, il puisa en lui l'énergie nécessaire pour argumenter.

« Ces *Contes* n'étaient-ils pas ni plus ni moins des témoignages que la vie était la vie ! Qui, pourquoi ? Comment imaginer que le livre de ses *Contes* fût un livre pernicieux ! Morbleu, il n'était pas irrépréhensible, mais pernicieux, ça non ! »

Il toussa sèchement puis, inspirant de l'air, il avança le raisonnement que le livre n'avait jamais fait mauvaise impression sur lui en l'écrivant, comment aurait-il pu être nuisible aux personnes qui le lisaient !

Cela ne servit aucunement. Rien n'y fit. À croire que la jeunesse rendait le vicaire intrépide, intransigeant, blessant même ! Sans interrompre son va-et-vient, le vicaire rappela l'interdiction des *Contes* par le lieutenant général de police en 1675 et, très pâle encore, il formula les choses autrement afin d'être bien compris : La Fontaine devait s'engager non seulement à renoncer à la réimpression de ses *Contes* dignes d'un coureur de ruelles, mais aussi à ne plus faire usage de son talent que pour écrire des ouvrages religieux ! Ensuite, il lui faudrait de manière publique demander pardon à Dieu ainsi qu'à l'Église d'avoir écrit ce livre infâme.

« Ce livre, infâme ! redit encore le poète après lui. Enfin, tout doux ! Légèreté, je veux bien, peut-être, mais infâme, tout de même ! »

Sa voix s'enrouait, il toussailla un peu afin de se dégager les bronches. L'exaspération et la colère lui coloraient le visage.

Se radoucissant et cessant ses allées et venues, l'abbé lui objecta :

« Voulez-vous savoir en un mot ce que c'est que l'homme ? Tout son devoir, tout son objet, toute sa nature ? C'est de craindre Dieu : tout le reste est vain, mais aussi tout le reste n'est pas l'homme. Voici ce qui est réel et solide, et ce que la mort ne peut enlever ; car, ajoute l'ecclésiaste, *Dieu examinera dans son jugement tout ce que nous aurons fait de bien et de mal.* »

Les yeux de La Fontaine se fermèrent, il laissa aller sa tête dans les oreillers. L'abbé Pouget n'avait pas fini. La tête basculée en arrière, le poète demeurait les yeux clos. La voix du vicaire se fit entendre : La Fontaine avait par-devers lui le texte d'une pièce de théâtre, une comédie, qui n'avait pas encore été donnée. Le choix était fort simple, il lui demandait de la détruire. Le malade ne remua pas mais il pâlit démesurément puis il eut un hoquet. Il ouvrit les yeux en se redressant soudain à l'aide de ses bras qui tremblaient. Il paraissait suffoquer. Sa voix siffla plus qu'elle ne s'éleva :

« Mais êtes-vous bien sûr que Dieu exige cela ? »

Toute sa personne n'était qu'indignation. Il en frémissait de tout son vieux corps. Face à lui, revenu derrière le fauteuil, les lèvres pincées, l'abbé ne disait mot.

« Mais enfin, cette pièce, souffla La Fontaine, je l'ai promise ! »

Il toussota encore une fois puis parla plus haut. Il y avait la librairie, les comédiens ! Il ne pouvait en aucun cas manquer à sa parole. Cela était indigne ! Il s'agissait de mois de travail !... Et pour une fois qu'on trouvait une de ses pièces réussie ! Tout de même ! Tout de même !

À ce moment-là, sa voix chevrotait presque. C'en était trop, beaucoup trop sur un seul homme. Sans attendre, l'abbé donna la réplique d'un ton sec. La discussion qui s'ensuivit se compliqua au point qu'il y eut des éclats de voix et que la servante s'avança à plusieurs reprises auprès du malade afin de le secourir comme elle le pouvait. Quant à l'abbé, il ne criait plus, il assenait à présent ses paroles d'une voix pointue.

« Il vous faut penser au salut de votre âme. Quand vous comparaîtrez devant Dieu, il faudra bien exposer la teneur de votre vie au Juge ! Pour votre salut éternel, renoncer au bénéfice d'une édition n'est qu'un petit pas ! Il nous faut penser à votre âme ! Qui le fera si nous ne le faisons pas ? Il vous faut détruire cette pièce, dont vous m'avez parlé l'autre jour, et cela parce que le sujet n'en est pas pieux !... »

Droit, d'une minceur effrayante à l'intérieur de sa soutane noire, l'abbé Pouget se montrait intraitable. Dans le cas où le pénitent refuserait de se soumettre, précisa-t-il, il serait alors de son devoir de refuser la pénitence. S'agitant dans sa couche telle une proie prise au piège, La Fontaine tergiversait, en vérité il résistait. Toute sa mine montrait qu'il vivait un véritable cauchemar. Que cela était très pénible. De quelque côté qu'il se tournât, pas moyen d'y échapper ! Détruire une œuvre, tout de même ! Pour aboutir à cette pièce, même si cela n'y paraissait pas, il y avait, enfin elle engageait le travail de toute une vie ! Est-ce que, à la fin des fins, Dieu exigeait un tel sacrifice ?

« Dieu examinera, dans son jugement, tout ce que nous aurons fait de bien et de mal, reprit l'abbé d'une voix assurée et pleine. »

Un brusque silence s'ensuivit qui leur bourdonnait aux oreilles.

La Fontaine baissa la tête, la releva, sembla examiner la chambre. En ce moment douloureux, il ne vit pas le regard plein d'attente et de tendresse que la femme dévolue à son service portait sur lui. Certes, il n'avait pas le dessus, il était vaincu, mais il acquiesçait à ce qui venait d'être dit à la condition qu'on prît l'avis d'une haute autorité théologique de la Sorbonne. Soit, concéda de bonne grâce le vicaire dont la mine indiquait qu'il n'en pensait pas moins puisque, pour lui, la réponse paraissait connue d'avance. En prenant congé, cet après-midi-là, l'abbé Pouget laissa derrière lui un homme qui lui faisait grand pitié. Et puis, sur ces entrefaites, rue Saint-Honoré, il lui était revenu que la servante avait eu cette sortie : « Allez, ne lui saboulez* plus la tête, Dieu n'aura pas le courage de le damner. » Allongeant le pas et gonflant ses poumons d'air froid, il pensa qu'il était de son devoir d'être inflexible. Il se piquait de mener à bien sa mission. Se dirigeant vers l'église Saint-Roch, comme pour se réassurer, il chuchota du Bossuet. Ce qui donna à peu près : « Dans la plupart des hommes les changements se font peu à peu, et la mort les prépare ordinairement à son dernier coup. » Ce faisant, il manqua de rentrer dans un roulier encapuchonné qui guidait un attelage de chevaux.

Le lendemain, lorsqu'il se présenta l'après-midi, il trouva Jean de La Fontaine méconnaissable, le visage ravagé, les joues labourées de larmes. Ses yeux s'étaient cavés démesurément. Les rides avaient creusé de profonds sillons dans la peau rendue grise à force de barbe et de malheur. Le poète était au désespoir. Il faisait peine à voir. Mme de La Sablière venait de mourir ! L'annonce lui avait été faite le matin même. La servante se tordait les mains, ne sachant que faire devant tant de douleur.

« Morte, ma pauvre amie, morte », marmonnait La Fontaine, écrasé par la terrible nouvelle.

Cette invasion de douleur brute fut ressentie jusqu'au tréfonds de chacun. L'abbé Pouget connaissait, car on lui avait rapporté les efforts de Mme de La Sablière, jusqu'à la fin, à l'égard de Jean de La Fontaine qu'elle tenait à voir rentrer dans l'Église. Il n'attendit pas – à quoi cela aurait-il servi ? – et annonça d'une voix empreinte de douceur, sur un ton compatissant, que le chancelier de l'Église et de l'Université de Paris avait non seulement donné un avis très nettement défavorable pour la publication de la pièce mais avait tranché pour la destruction pure et simple.

La Fontaine sembla n'avoir d'abord pas entendu ce qui lui était dit puis il cessa ses pleurs silencieux. Il se trouvait affreusement tassé sur lui-même. Accablé, tous ses sens semblaient perdus. Ses yeux faisaient peur à voir car toute la désolation de son âme s'y lisait. Il avait le cœur si serré qu'il fut un temps à ne pouvoir parler. Il était retombé dans l'hébétude. Après un moment, il se soumit d'un signe de tête comme s'il n'avait pas pris la mesure de ce qui lui était demandé.

Dans les conditions où il était, cela parut on ne peut plus normal au vicaire ainsi qu'à la servante. Sans doute comprirent-ils que de la sorte, dans cette soumission même, le vieil homme, supplicié de douleur, trouvait peut-être un appui face à son infinie détresse. Sa chère, sa tendre amie était mise en terre le jour même à Saint-Sulpice. Un élan, le seul capable de l'animer, le pousse à vouloir être avec elle. Juste avec elle. Ne pas la perdre. Être avec elle.

Il inspira le plus profondément qu'il pût en ses poumons et revit mille choses d'elle : certaine expression des yeux, le timbre de sa voix si énergique, si délicate, ses mains de femme, ses doigts fuselés, il la voyait apparaître là devant lui, rayonnante de simplicité, de vie. Le mal atroce que lui faisait son cœur était si intense qu'il en resta prostré un long moment. Sans doute avait-il, en cet instant, l'irrésistible désir de mourir. À l'intérieur du logis, le silence s'installa durablement. Du dehors parvenaient les bruits des carrosses et autres voitures, les cris des cochers, ceux des marchands ambulants, le hennissement des chevaux, toute une rumeur...

Lorsque l'abbé Pouget posa une main sur son épaule, La Fontaine, dont les yeux bleus mangeaient alors toute la figure, balança la tête à plusieurs reprises, avec lenteur, l'air stupide, en signe de consentement. Dans la suite, à l'invitation de Pouget, le poète, qui semblait s'être quelque peu ressaisi, tomba en prières. On voyait bien qu'il y mettait toute son âme. Puis, quand il eut fini, il fit chercher à la servante sa pièce de théâtre qui était dans le secrétaire.

Un paquet de feuilles, qu'il remit en mains propres au vicaire. À partir de là, débuta, pour lui, cette action longue et ardue qui consista à revoir son existence en vue de la confession générale. L'abbé Pouget le suivait ou plutôt le guidait avec d'infinies précautions tandis que, concentré en cette activité, il ressemblait désormais à quelque pauvre chiffon, à un sac vide et froissé. Avec ce qu'il lui restait d'énergie, il s'efforçait désespérément de vivre.

Le lendemain de ce jour, le matin de bonne heure, Racine père et fils, accompagnés de Boileau, se présentèrent rue Saint-Honoré. Sortant sur le palier, un châle sur les épaules, la servante, à voix basse, leur fit savoir que La Fontaine, qui était très faible, dormait. La troupe insista :

« Nous venions pour l'exhorter à songer à sa conscience, car il a de grandes fautes à se reprocher. »

Sans élever la voix, la femme répondit alors :

« Messieurs, que me ravaudez*-vous ? Il est simple comme un enfant. S'il a fait des fautes, c'est donc par bêtise plus que par malice. »

Ainsi éconduit, tournant les talons, au bas de l'escalier, le trio croisa l'abbé Pouget qui arrivait. Celui-ci leur débita que comme sa maladie traînait en longueur et lui laissait toute la liberté de sa tête, le poète employait à présent tout le temps nécessaire pour réaliser cette importante action qui était sa confession générale.

« Cela prend du temps, croyez-m'en, que d'entrer dans le détail de soixante-douze ans de vie ! »

Durant l'échange qu'il eut avec les amis du poète, Pouget avança que, en dépit de toutes ses erreurs, il reconnaissait à La Fontaine une âme chrétienne. Ainsi, le poète confiait que tout au long de sa vie l'inquiétude et l'inconstance lui avaient été naturelles. Selon le jeune abbé, la maladie l'avait mis en état de se livrer à des réflexions sérieuses : il saisissait le vrai et il s'y rendait ; il ne cherchait point à chicaner. En un mot comme en cent, Jean de La Fontaine faisait les choses sans barguigner.

Les premiers jours de février virent le mal empirer. Une fin d'après-midi, l'abbé Pouget, qui avait cessé de rencontrer journellement La Fontaine, appelé par la femme qui le servait, était accouru au chevet du malade. Le poète était au plus mal, étendu dans le lit, plus pâle que les linges dont il était couvert, silencieux. La respiration à peine perceptible. Il paraissait n'avoir plus de conscience. On l'aurait cru mort sans quelques soupirs qui lui échappaient parfois. À toute vitesse, désignant le malade, la servante débita au vicaire qu'on lui avait appris le matin que Pellisson avait passé brusquement à Versailles sans recevoir les sacrements et que son maître s'en était trouvé en grand émoi et puis était tombé en un état de léthargie.

Les médecins, arrivés sur ces entrefaites, l'auscultèrent sans qu'il ne se réveille et annoncèrent à l'abbé, qu'ils prirent à part, que d'après leur diagnostic il était maintenant temps de lui faire recevoir le Saint-Viatique. L'abbé se recula, eut un tressaillement, puis approuva du menton en considérant La Fontaine qui, les traits tirés, dormait profondément, coiffé de sa perruque qui avait glissé. Remarquant soudain l'étonnement des visiteurs pour cette coquetterie, la servante avait expliqué qu'il n'acceptait de l'ôter que la nuit. Et elle précisa encore qu'il possédait toutes sortes de perruques, des brunes, des noires, des châtaines, des blondes, et qu'il y tenait.

Les médecins s'étaient retirés en silence, la femme avait allumé les chandelles, une lumière douce presque apaisante avait envahi alors la chambre, la faisant ressembler à un tableau de genre. Le regardant reposer, l'abbé marmonna une prière puis, s'asseyant dans un fauteuil près du dormeur, il débita pour lui-même autant que pour La Fontaine du Bossuet qu'il savait par cœur : « Tant que nous sommes détenus dans cette demeure mortelle, nous vivons assujettis aux changements. Mais aussitôt qu'on cesse pour nous de compter les heures, et de mesurer notre vie par les jours et par les années, sortis des figures qui passent, et des ombres qui disparaissent, nous arrivons au règne de la vérité, où nous sommes affranchis de la loi des changements. Ainsi notre âme n'est plus en péril ; nos résolutions ne vacillent plus ; la mort, ou plutôt la grâce de la persévérance finale, a la force de les fixer. »

Au-dessus de ses mains croisées, les lèvres de l'abbé s'immobilisèrent, Jean de La Fontaine venait d'ouvrir les yeux. Alors, se penchant au-dessus du lit, avec une infinie délicatesse, le vicaire lui annonça qu'il fallait se préparer à comparaître devant le Juge. Levant un regard de chien battu, La Fontaine agréa par un clignement d'yeux puis se redressa péniblement avec l'aide de l'abbé. Une fois assis et accommodé, il demanda à boire et convint ensuite de faire pénitence dès le lendemain. Et selon l'engagement qu'il avait pris : l'administration des derniers sacrements et l'amende honorable auraient lieu en public. Cela dit, le vicaire lui demanda l'autorisation de prévenir l'Académie qui devait envoyer une députation. À cet effet, il ferait contacter Racine. Ajustant maladroitement sa perruque qui se trouvait bien aplatie de tous côtés, La Fontaine entérina ce choix d'un court soupir, en guise de remerciement.

Le 12 février, un jeudi, alors que dix heures du matin carillonnent, partant depuis le portail central de l'église Saint-Roch, un groupe d'académiciens en tenue d'apparat, précédés de l'abbé Pouget et du saint sacrement que portent quatre enfants de chœur, se rendent en cortège chez le sieur Jean de La Fontaine. Boileau et Racine marchent à la tête des académiciens. Sous un ciel bas, l'air paraît gris, les sons sont atténués par une sorte de brouillard diffus. Le froid est humide et transperçant.

Pendant ce temps-là, rue Saint-Honoré, installé dans un fauteuil pour la circonstance, La Fontaine se tient raide, dans son habit, un linge blanc sur la poitrine. Sa perruque a été repeignée et frisée, il porte des bas neufs. Son pourpoint est propre. Il a les pieds gonflés dans ses souliers. Il est perceptible que la fièvre ne l'a pas quitté. Devant lui, une table nappée de blanc où brûlent de gros et grands cierges a été dressée.

Un silence épais, que coupent de temps à autre un bruit de semelles sur le plancher ou une toux sèche vite étouffée, règne à l'intérieur du modeste logis où se trouvent déjà nombre d'amis et de personnages de haut rang. Tous ont ôté leur chapeau, offrant à voir toutes sortes de perruques. La servante qui a laissé son tablier se tient à l'écart, un œil constant sur son malade.

Jean de La Fontaine est dans l'attente. Cela ne s'éternise pas. Déjà, une agitation de clochettes d'abord ténue, lointaine, insiste puis se rapproche, là, tout près. Cela vient de la rue, par ailleurs calme, silencieuse. C'est bizarre comme les bruits semblent assourdis. On vient d'ouvrir la porte du bas et on monte dans l'escalier.

Comme étouffé, le tintement de la clochette derrière la cloison. Le bruit de pas, telle une lente cavalcade, le bruit de pas grossit, s'enfle, emplit tout l'espace. Ah, là debout, dans l'encadrement de la porte, se dresse l'abbé Pouget revêtu de l'habit sacerdotal. Tout à coup des voix psalmodient et recouvrent le tintement de la clochette. Derrière le vicaire qui s'est mis de côté, les enfants de chœur surgissent, s'avancent et posent avec grande prudence, de leurs petites mains, le saint sacrement sur la table, entre les cierges. Comme pris de paralysie, le visage figé dans ses rides mais les yeux mobiles, La Fontaine les regarde faire.

Peu à peu, eu égard à leur fonction, les académiciens se placent au premier rang. Racine et Boileau se tiennent côte à côte. En quatre enjambées, le prêtre s'approche du poète, se place face à lui et l'asperge d'eau bénite en prononçant l'*Exaudi nos**. Aidé par la servante qui lui tient le bras, La Fontaine se lève alors, se dépliant avec peine. En dépit de l'émotion, flagrante, qui l'étreint, il étend la main vers l'abbé, révélant de cette manière qu'il veut parler, qu'il va parler. À l'intérieur du logis bondé, le silence déjà palpable se fait un peu plus dense avant que ne s'élève, devant l'assistance muette, curieuse et attentive, la voix de Jean de La Fontaine.

«Monsieur, j'ai prié MM. de l'Académie française, dont j'ai l'honneur d'être un des membres, de se trouver ici par députés, pour être témoins de l'action que je vais faire. Il est d'une notoriété qui n'est que trop publique que j'ai eu le malheur de composer un livre de contes infâmes. En le composant, je n'ai pas cru que ce fût un ouvrage aussi pernicieux qu'il l'est, on m'a sur cela ouvert les yeux, et je conviens que c'est un livre abominable. Je suis très fâché de l'avoir écrit et publié. J'en demande pardon à Dieu, à l'Église, à vous, monsieur, qui êtes son ministre, à vous, messieurs de l'Académie, et à tous ceux qui sont ici présents.»

Les flammes des bougies vacillent toutes en même temps, quelqu'un n'en pouvant plus de se retenir tousse franchement.

«Je voudrais que cet ouvrage ne fût jamais sorti de ma plume et qu'il fût en mon pouvoir de le supprimer entièrement. Je promets solennellement en présence de mon Dieu, que je vais avoir l'honneur de recevoir, quoique indigne, que je ne contribuerai jamais à son débit et à son impression. Je renonce actuellement et pour toujours au profit qui devait me revenir d'une nouvelle édition par moi retouchée, que j'ai malheureusement consenti que l'on fît actuellement en Hollande.»

Jean de La Fontaine s'exprime parfaitement bien. Chaque mot est totalement audible par tous car sa voix porte. Parlant, il se tient quelques fois d'une main au bras du fauteuil.

«Si Dieu me rend la santé, j'espère qu'il me fera la grâce de soutenir authentiquement la protestation publique que je fais aujourd'hui, et je suis résolu à passer le reste de mes jours dans les exercices de la pénitence, autant que mes forces corporelles pourront me le permettre, et à n'employer le talent de poésie qu'à la composition d'ouvrages de piété. Je vous en supplie, messieurs, ajoute-t-il en se tournant ostensiblement du côté des députés de l'Académie, de rendre compte à l'Académie de ce dont vous venez d'être les témoins.»

Dans une pose difficile pour lui à tenir mais que personne ne songerait à moquer, bien loin de là, Jean de La Fontaine demeure debout tandis que le prêtre élève une hostie à bras tendus en prononçant les paroles sacrées. Quant aux assistants, se serrant un peu plus les uns contre les autres, les voilà qui se mettent à genoux sur le parquet, tous priant à haute voix. Celle de l'abbé Pouget, plus claironnante, se détache, cependant que le vieux poète redit après lui :

«Domine, non sum dignus, ut intres sub tectum meum, sed tanctum dic verbo et sanabitur anima mea.» («Seigneur, je ne suis pas digne que vous entriez en mon logis, mais dites seulement une parole, et mon âme sera guérie.»)

S'avançant, le pouce teinté d'huile sainte, le vicaire oint tour à tour, en gestes hiératiques, les paupières, le lobe des oreilles, les ailes des narines, le dessus des lèvres, la poitrine, les paumes de mains et, s'abaissant, les pieds de La Fontaine en prononçant chaque fois la formule sacrée. Quand le prêtre finit soudain, les chants du *laudate** s'élèvent. Tout de suite, on distingue la voix vibrante des enfants.

Dans l'assistance très nombreuse, tassée un peu, on se relève, on se tourne, on piétine, on semble hésiter, on se rassemble comme on peut, la porte s'ouvre, une vague d'air froid envahit la pièce, on se retrouve en une sorte de cortège et on reprend le chemin de l'église. Cela prend du temps. Une fois le dernier pan de vêtement disparu derrière le chambranle de la porte, par à-coups, Jean de La Fontaine se laisse choir au fond du fauteuil, le regard las, les mains saisies de tremblements.

L'après-midi de ce jeudi 12 février, vers les quatre heures, on fit appeler l'abbé Pouget au chevet du malade avec beaucoup d'empressement. Croyant qu'il était au plus mal, peut-être même qu'il allait passer, le prêtre enfila un caban et courut à toutes jambes jusque chez lui. En haut de l'escalier, la servante ouvrit la porte avant qu'il pût frapper. Essoufflé, alarmé, il trouva La Fontaine dans son lit qui lui tendait les bras pour l'embrasser avec un grand épanouissement de joie. La surprise du vicaire était totale. Il resta coi. Par rapport à la matinée, le poète semblait un autre homme.

En vérité, il l'était. La Fontaine s'expliqua. S'il s'était permis de le déranger c'est qu'il voulait lui faire part d'une agréable nouvelle. Il s'exprimait d'une voix faible mais sur un ton gai, enjoué, auquel le vicaire n'était plus habitué depuis longtemps.

Ses yeux pétillaient, il était vivant, tout à fait. L'affaire se résumait on ne peut plus simplement. À l'instant sortait de chez lui un gentilhomme envoyé par le duc de Bourgogne pour s'informer de sa santé et lui porter, de la part de ce prince, une bourse de cinquante louis d'or, en espèces !... Le duc de Bourgogne, l'héritier du trône !... En vérité, ce prince ne trouvait pas raisonnable qu'il fût pauvre pour avoir fait son devoir !... Étonné quelque peu de cette spontanéité, l'abbé Pouget qui entendait La Fontaine plus qu'il ne l'écoutait eut aussitôt la pensée que cette belle action n'avait pu être inspirée que par le précepteur du duc, le grand Fénelon. Gardant ses considérations pour lui, Pouget demeura quelque temps en compagnie de Jean de La Fontaine, jusqu'à la tombée du jour, se réjouissant avec lui et causant de toutes choses, puis lui souhaita le bonsoir.

Le trépas vient tout guérir ;
Mais ne bougeons d'où nous sommes.
Plutôt souffrir que mourir,
C'est la devise des hommes.

La Mort et le Bûcheron

ÉPILOGUE

1695
Jean de La Fontaine
est mort le 13 avril 1695,
à l'âge de soixante-treize ans,
neuf mois et cinq jours.
Hôtel Anne d'Hervart, rue Plâtrière,
à Paris, paroisse Saint-Eustache,
actuellement poste centrale,
52, rue du Louvre,
1er arrondissement de Paris

La sonnerie de cloche annonçant l'Angélus du soir tira le vieux chanoine de sa torpeur. Là, dessous le plafond où Mignard a peint *L'Apothéose de Psyché*, entre rêve et chagrin, assis à un secrétaire en bois clair des îles, François Maucroix cherche puis classe ce qu'il reconnaît ou découvre des papiers de son défunt ami. Là, c'est-à-dire dans le cabinet de l'hôtel d'Hervart, rue Plâtrière, où Jean de La Fontaine avait trouvé refuge peu après la mort de Mme de La Sablière et son propre rétablissement de la maladie qui avait manqué de l'emporter lui aussi. Le cœur de François Maucroix est lourd. Et ses gestes sont indécis.

Dehors, la cloche s'est tue. Derrière ses bésicles rondes, son regard humide avise le chandelier posé sur le panneau rabattable servant de table à écrire du secrétaire. La peau de son visage est couperosée. Il envisage de l'allumer mais ne parvient plus à remuer les mains. La cloche s'est tue depuis un moment sans qu'il s'en soit aperçu. C'est tout juste s'il entend le feu qui crépite dans l'âtre sur le côté. Sa tête, au crâne chauve juste bordé de longs cheveux gris argenté lui faisant une couronne vaporeuse, chavire en arrière, touche le dossier du siège, un fauteuil.

Dans la pénombre commençante, il voit le plafond où Apollon combat le serpent Python, puis ailleurs le même qui pleure la pauvre Daphné et, plus loin encore, qui instruit les Muses attentives. Et voici de nouveau le vieil ecclésiastique précipité dans le magma mouvant de ses souvenirs, en vérité d'éclats de vie qui s'arrangent, se repoussent, se collent, s'exposent et se déroulent là, devant lui, ou plutôt en lui. Ils paraissent si évidents qu'il doit se faire violence pour ne pas y voir la réalité mais la reproduction de celle-ci dans son esprit empli d'affliction et de fatigue. N'empêche, il y a un grand concours de remembrances dans sa vieille tête...

Ils sont jeunes et jouent au trictrac, faisant rouler les dés et buvant du vin tard dans la nuit. Oh, que c'est insolite, la mémoire ! Très distinctement, il entend son rire, sa voix. Puis dans les enclos, tout à côté de l'hôtel d'Hervart, parmi les parterres, les jardins qui longent la rue Verderet et vont toucher la rue Coq-Héron, ils se promènent, et Jean n'a de cesse de commenter chaque beauté féminine croisée... Il a toujours connu La Fontaine comme cela : le nom seul d'une femme surgissant dans une conversation lui faisait abandonner toute autre pensée ! Cette passion des femmes, sans doute en raison du fait que sa mère avait quitté le foyer familial et était morte alors qu'il était fort jeune et puis sa grande demi-sœur mariée alors qu'il était enfant... L'air n'a jamais été aussi fluide et embaumé. La couleur des jardins se confond avec celles du plaisir et de la joie de vivre. Et les voici au plein milieu de la très longue avenue bordée d'ormes au château de Bois-le-Vicomte. Les feuillages qui frémissent et dessinent des ombres changeantes sur le sol, l'odeur des herbes, le bleu tendre du ciel et le blanc éclatant des nuages confondus, le chant insistant du grillon, c'est l'été.

C'est toujours l'été avec son ami ! C'était toujours l'été avec son incomparable ami ! Il appartenait à l'amitié bienfaisante tout entière, pour lui, elle valait mieux que la fortune. Fort pauvre le plus souvent mais sans humeur, son ami a été heureux, plus qu'aucun autre de ses contemporains, pensa Maucroix en souriant. Innocence heureuse, il y avait en lui du bienheureux.

La pointe de douleur complètement passée, les yeux du vieux chanoine se rapportent de nouveau au plafond, à la douceur des peintures de Mignard. Il y reconnaît Psyché et se rappelle, dans l'instant, *Les Amours de Psyché*... « Ô douce Volupté, sans qui, dès notre enfance, le vivre et le mourir nous deviendraient égaux. » Jean qui, dans ce *Conte*, prête une ressemblance certaine avec le personnage de Polyphile, celui qui « aime extrêmement les jardins, les fleurs, les ombrages, ces passions qui remplissent le cœur d'une certaine tendresse »...

Ça passe, ça passe vite, la vie. De l'eau entre les doigts. Il se redresse soudain, trouve une allumette et enflamme la mèche de la bougie du chandelier. À la chaleur de la flamme, la cire grésille. L'allumette en main sur laquelle il souffle pour l'éteindre, il lui revient le commentaire de La Bruyère dans une des éditions des *Caractères*: «Supposons que notre langue pût avoir un jour le sort de la grecque ou de la latine, serait-on pédant, quelques siècles après qu'on ne la parlerait plus, pour lire Molière et La Fontaine?»

Toute la Cour avait pu prendre connaissance de cela! Son ami, enfin l'égal des grands! La Cour, cette Cour pour qui il n'aura été, sauf pour quelques-uns, qu'un adolescent attardé! Et le voilà qui rit à présent, il rit tout seul. C'est qu'il se rappelle la pièce *L'Astrée*. Chaque fois que Jean avait du succès avec un nouveau recueil de fables, son entourage le poussait à retourner au théâtre. Ce que malheureusement il faisait, car les comédiens ne s'avisaient jamais de donner une seconde représentation d'une pièce de Jean, de peur d'être lapidés. Lui-même ne s'y amusait pas davantage. Au premier acte de *L'Astrée*, il s'ennuya tellement qu'il s'en alla au café Marion où il s'endormit. Et comme un ami l'avait réveillé, lui demandant où en était la pièce:

«Vous voyez, avait-il dit en bâillant, j'en reviens!...»

Le cœur, son cœur s'allège, ses vieilles mains striées de veines bleues s'activent de nouveau. Il respire mieux. Son cœur bat avec régularité. Mettre de l'ordre dans les papiers, du courrier pour l'essentiel. Mais, cependant, suivant son désir si prompt, il se laisse aller sur le fauteuil et sort de l'intérieur de sa soutane cette lettre de La Fontaine qui ne le quitte jamais, serrée avec le dernier, l'ultime billet qu'il lui a envoyé. Il la déplie et ne peut se contraindre à ne pas la lire encore une fois, ainsi qu'il l'a fait durant le voyage depuis Reims par la diligence, jusqu'à se fatiguer la vue.

«À Paris, ce lundi 26 octobre 1693

«Je t'envoie *Dies irae dies illa**. Ne perds pas cette copie; elle est un peu raturée, mais tu la déchiffreras bien.»

Ah, ça oui, s'esclaffa-t-il mentalement, pendant près de cinquante ans, lui, Maucroix, a déchiffré ses fables, ses contes, suggéré, corrigé! Ah, ça oui! Encore une fois, ses yeux brillent de contentement et d'émotion.

«Je t'enverrai aussi toutes mes *Hymnes*, quand je les aurai mises un peu plus au net. Tu les compareras à celles de messieurs de Port-Royal qui sont dans les *Heures imprimées* sous le nom de M. du Mont; si ce livre n'est en ton pays, je te l'enverrai. Je te conseille de traduire l'action des Fourches caudines qui est dans Tite-Live, avec les harangues de part et d'autre. Jamais les Romains ne m'ont semblé si grands et si pleins de cœur qu'en cette rencontre; je ne m'étonne pas que ce peuple se soit rendu maître de l'Univers.»

Il a laissé glisser le courrier ouvert dessus le panneau rabattable du secrétaire et observe, à présent, la flamme de la bougie qui s'étire indéfiniment. Il déglutit et porte ses mains devant son visage. Quelle pitié ! articule-t-il alors à haute voix. Et il répète : Quelle pitié, quelle pitié ! en reposant ses mains à la peau grise et sèche de vieillard sur le bois du secrétaire, remuant la tête en signe de dénégation.

La raison de ce sentiment subit tient dans ce fait dont il a eu connaissance, il y a une semaine environ, et qui vient de faire irruption en son esprit. Depuis sa conversion, Jean de La Fontaine s'était conformé à ne rédiger rien d'autre que des écrits à la gloire de la religion ou à celle de Louis XIV. Mais comme *Les Hymnes*, qui appartenaient à la glorification de ce dernier, n'étaient pas achevés lorsqu'il avait passé le 13 avril dernier, le commanditaire, un certain M. Du Fresnoy, avait qualifié, avec tout le mépris dont sont capables les gens de son rang, son ami de « pauvre homme », de « bonhomme », dépourvu de compétence pour venir à bout de ce qu'il avait entrepris ! Et pour cause, il était mort ! Cette manifeste grossièreté lui avait été rapportée par un tiers, une connaissance du baron de Voerden, bailli des États de Lille, qui avait composé les sous-titres latins aux tableaux de M. Du Fresnoy que La Fontaine devait traduire et à qui les propos du même Du Fresnoy, répandus sur son ami, avaient été adressés par courrier. Quelle pitié ! souffla-t-il avec un méchant rictus avant que d'exposer la lettre dont il s'est de nouveau emparé à la lueur de la flamme de la chandelle dont la cire s'était mise à couler en abondance jusque dans la bobèche récemment nettoyée. Derrière ses bésicles, ses yeux luisent, un grand émoi lui fait battre le cœur.

«Mande-moi où je pourrai trouver ton *Rationarium Temporum* et ton *Sanderus*. Envoie-moi incessamment ton dialogue de Causis et le reste que tu as traduit de Tite-Live et que tu m'as déjà envoyé et que je t'ai renvoyé avec quelque peu de notes. Tu y joindras pareillement l'Astérius et tes dialogues de Contemnenda morte, de Amicitia et de Seneclute. Il te faudra traduire aussi les Offices.

«Voilà bien de la besogne, mais qu'y faire? Je mourrais d'ennui, si je ne composais plus.»

À cause de cette dernière phrase, les commissures des lèvres du lecteur étirent sa bouche en un sourire qui s'évanouit aussitôt pour laisser place à une expression toute tendue de recueillement.

«J'ai un grand dessein où tu pourras m'aider; je ne te dirai pas ce que c'est, que je ne l'aie avancé un peu davantage. Je continue toujours à me bien porter et ai un appétit et une vigueur enragés. Il y a cinq ou six jours que j'allai à Bois-le-Vicomte à pied et sans avoir presque mangé; il y a d'ici cinq lieues assez raisonnables. Hier, un des aumôniers de M. l'Archevêque de Reims me rencontra: c'est un blond, homme de musique, et qui a, ce me semble, la voix fort belle. Il me dit que tu te plaignais de ma paresse; je pense pourtant t'avoir écrit depuis le voyage de Château-Thierry. Il me dit aussi que tu te portes à merveille: j'en suis ravi; j'espère que nous attraperons tous deux les quatre-vingts ans.»

Maucroix endigue une montée de larmes, puis reprend sa lecture.

«J'avais peur que ce ne fût à moi de répondre à M. du Bois, notre nouvel académicien; et cela m'eût embarrassé, car il eût fallu le louer sur ses ouvrages: je ne les tiens pas si bons qu'on s'imagine que je le dois; cet homme est froid et n'a pas la vivacité qui est dans tes écrits. C'est pour cela que je t'exhorte à traduire les Offices de Cicéron. Le mal est que je trouve peu de gens de fort bon goût: je n'en trouve presque point.»

Le sentiment d'accord et d'affection pour son ami est si fort en lui qu'il interrompt sa lecture et qu'il murmure le plus naturellement du monde ces vers, ces vers anciens qu'il affectionne par-dessus tout et qui disent si bien son ami, ces vers des *Amours de Psyché*: «J'aime le jeu, l'amour, les livres, la musique, la ville et la campagne, enfin tout; il n'est rien qui ne me soit souverain bien, jusqu'au sombre plaisir d'un cœur mélancolique.» Ses yeux reviennent à la lettre, coulent sur la surface du papier, ne voyant plus que les longs déliés de Jean, puis s'arrêtent et lisent:

«Quand un homme a une fois la vogue en ce pays-ci, tout le monde court à l'appui de la boule, et les gens comme nous ne se font nullement écouter.»

Là, le vieillard grimace et se met à rire, un gloussement mauvais. Ô Dieu, que cela était la vérité: les grands auteurs ne sont point entendus, encore moins considérés! Ou alors par très peu, une petite minorité, tandis qu'une minorité plus grosse encore les hait franchement ! Et le reste du public ne sait pas, ne comprend pas... Pas étonnant que Saint-Évremond exilé à Londres ait, en compagnie de la duchesse de Bouillon, exilée elle aussi, formé le projet d'enlever La Fontaine jusqu'en Angleterre. Et ce, parce que son pays l'abandonnait à peu près. Sans M. d'Hervart et Mlle Certain, qui jouait si bien du clavecin, Jean aurait pu peut-être après tout s'y résoudre...

« Enfin, j'ai reçu tes papiers : tout cela va le mieux du monde. Dans le commencement, tu as rayé le mot d'homme : je le laisserai, afin de ne pas répéter le mot de prélat en si peu d'espace. Mais pourquoi le mot d'homme te répugne-t-il, puisque tu qualifies, cinq ou six lignes après, les Chrysostome et les Grégoire de Nazianze de personnages ? C'est la même chose : un grand homme et un grand personnage ne diffèrent en rien. »

Le chanoine lève les yeux, plie la missive et l'enfouit dans la poche intérieure de sa soutane dedans laquelle il sent, sous ses doigts, le billet, le dernier que lui ait fait parvenir son ami. L'ultime adresse rédigée, juste en revenant de l'Académie, après avoir été pris d'un malaise dans la rue. Il chausse ses bésicles en tremblant et relit peut-être pour la vingtième fois.

« À Monsieur de Maucroix, Chanoine de Reims

« Tu te trompes assurément, mon cher ami, s'il est bien vrai, comme M. de Soissons me l'a dit, que tu me croies plus malade d'esprit que de corps. Il me l'a dit pour tâcher de m'inspirer du courage, mais ce n'est pas de quoi je manque. Je t'assure que le meilleur de tes amis n'a plus à compter sur quinze jours de vie. Voilà deux mois que je ne sors point, si ce n'est pour aller un peu à l'Académie, afin que cela m'amuse. Hier, comme j'en revenais, il me prit au milieu de la rue du Chantre une si grande faiblesse que je crus véritablement mourir. Ô mon cher, mourir n'est rien ; mais songes-tu que je vais comparaître devant Dieu ? Tu sais comme j'ai vécu. Avant que tu reçoives ce billet, les portes de l'Éternité seront peut-être ouvertes pour moi.

10 février 1695. »

Son serrement de cœur est à son comble, comme chaque fois qu'il déchiffre ces lignes. À présent, le cabinet s'est obscurci considérablement en raison de l'heure maintenant avancée, du crépuscule qui s'empare de Paris, progressant plus aisément dans les recoins de la ville. Le feu de la cheminée dispense un peu de clarté dans le cabinet. Avec décision, il replie puis replace le papier à l'intérieur de son vêtement et s'applique à mettre de l'ordre dans le fatras de papiers qui gisent sur le secrétaire. Son tremblement de mains ne cesse point.

Il ouvre les tiroirs, prend ce qui s'y trouve et dépose, après les avoir consultées, en des endroits différents, les feuilles couvertes d'encre par son ami qu'il a saisies. Cette fois, il laisse échapper une exclamation. Ses yeux se plissent, accentuant le réseau de rides qui court sur son front. Là, une fable non publiée, une fable inédite !

Le Renard et l'Écureuil. Le cœur battant, la bouche sèche, il se met en devoir de la découvrir. Mais non, il la connaît ! En vérité, il la redécouvre cette fable !

Il ne se faut jamais moquer des misérables,
Car qui peut s'assurer d'être toujours heureux ?
Le sage Ésope dans ses fables
Nous en donne un exemple ou deux ;
Je ne les cite point, et certaine chronique
M'en fournit un plus authentique.
Le Renard se moquait un jour de l'Écureuil
Qu'il voyait assailli d'une forte tempête :
Te voilà, disait-il, près d'entrer au cercueil
Et de ta queue en vain tu te couvres la tête.
Plus tu t'es approché du faîte,
Plus l'orage te trouve en butte à tous ses coups.
Tu cherchais les lieux hauts et voisins de la foudre :
Voilà ce qui t'en prend ; moi qui cherche des trous,
Je ris, en attendant que tu sois mis en poudre.
Tandis qu'ainsi le Renard se gabait,
Il prenait maint pauvre poulet
Au gobet ;
Lorsque l'ire du Ciel à l'Écureuil pardonne :
Il n'éclaire plus, ni ne tonne ;
L'orage cesse ; et le beau temps venu
Un Chasseur ayant aperçu
Le train de ce Renard autour de sa tanière :
Tu paieras, dit-il, mes poulets.
Aussitôt nombre de Bassets

Vous fait déloger le Compère.
L'Écureuil l'aperçoit qui fuit
Devant la meute qui le suit.
Ce plaisir ne lui dure guère,
Car bientôt il le voit aux portes du trépas.
Il le voit; mais il n'en rit pas,
Instruit par sa propre misère.

Mais oui, il se souvient bien, à présent ! Cette fable, cette fable qui exprime par allégorie l'espoir d'un élargissement de Fouquet alors enfermé à Pignerol, une fable comme une revanche sur Colbert... Mais enfin, oui. Certainement, oui. Mais aussi, quand même, cette fable pour le genre humain mais oui, bien sûr, d'abord pour le genre humain ! Cette fable si fraternelle, si chrétienne. Cette fable pour toute l'humanité ! Là, son cœur bondit à lui faire mal car il voit, oui il vient de voir sa propre écriture, le billet, le dernier qu'il a envoyé à Jean et que son ami a conservé. Il a la sensation, cette impression d'étouffement et puis, dans l'instant, les larmes lui montent aux yeux. Là, le voilà qui déchiffre sa propre écriture maintenant.

« Mon cher ami, la douleur que ta dernière lettre me cause est telle que tu te la dois imaginer. Mais en même temps je te dirai que j'ai bien de la consolation des dispositions chrétiennes où je te vois. Mon très cher, les plus justes ont besoin de la miséricorde de Dieu... Invoque-le de tout ton cœur... Si Dieu te fait la grâce de te renvoyer la santé, j'espère que tu viendras passer avec moi les restes de ta vie... Si tu n'as pas la force de m'écrire, prie M. Racine de me rendre cet office de charité, le plus grand qu'il me puisse jamais rendre. Adieu, mon bon, ancien et mon véritable ami, que Dieu, par sa très grande bonté, prenne soin de la santé de ton corps et de ton âme.»

Le voici qui pleure maintenant. De lourdes larmes chaudes. Ses vieilles mains fouillent malhabilement sa soutane et finissent par en tirer un carré de tissu usé, un peu sale. Malgré les tremblements qu'il a dans les mains, il relève ses bésicles afin de s'essuyer le plus gros des larmes puis se mouche, une fois, deux fois, trois fois. Il ouvre la bouche, aspire de l'air, souffle et laisse de la sorte échapper un peu de son accablement.

M. d'Hervart lui a raconté la fin. Oui, la fin de Jean. Il n'en demandait pas tant, François, tout occupé qu'il était par la terrible nouvelle, par sa peine, son incommensurable chagrin. Mais Anne d'Hervart a été si bon pour Jean. Alors, il a écouté mot à mot, voyant en imagination chaque propos qui jaillissait de la bouche de son interlocuteur. D'après ce que ce dernier disait, en dépit de ses forces déclinantes et tout perclus de rhumatismes qu'il était à cause du manque de feu l'hiver, le vieux poète avait encore pu sortir le premier dimanche après Pâques afin de se rendre à Saint-Eustache pour y communier.

Son humeur était badine. Il avait progressé à petits pas, s'arrêtant souvent et s'asseyant parfois à une borne pour mieux considérer l'activité de la rue autour de lui. Il examinait tout avec grande curiosité et enjouement. On dit qu'il avait croisé un chat et qu'il lui avait adressé quelques paroles et compliments plaisants. Courants d'air tiède et courants d'air froid semblaient se combattre alors, en se mêlant étrangement parfois, tandis que le soleil et les nuages se partageaient tour à tour le ciel de Paris.

Le printemps s'avançait, comme souvent en cette ville, de cette manière contrastée. À Saint-Eustache, l'église débordait de monde ce jour-là. Et puis, il s'en était revenu, toujours à pied, jusqu'ici à l'hôtel d'Hervart pour se coucher et ne plus jamais se relever.

On a découvert, lorsqu'on l'a déshabillé pour le mettre au lit de mort, un cilice dont il était couvert. À ce sujet, Boileau lui avait assuré qu'on lui avait débité que, en son extrême fin, Jean de La Fontaine usait fort fréquemment de haires, de disciplines, de ce cilice en particulier qu'on lui avait ôté du corps une fois mort. Et que ces mortifications volontaires avaient paru d'autant plus incroyables que le défunt semblait être doté d'un caractère très éloigné de ces choses !

Maucroix connaissait bien son ami. Et, en l'occurrence, ça n'était pas blasphème que de dire que la grâce de Dieu n'avait pas opéré de véritable métamorphose chez Jean de La Fontaine, pour la simple raison que cet homme était déjà vrai et entier chrétien bien avant sa vieillesse. Simplement, l'approche de sa mort, celle de Mme de La Sablière, de ses amis, la rigueur impitoyable de l'abbé Pouget appliquant la sévérité de la morale chrétienne dans toute son étendue, l'avaient conduit à se conduire en pénitent. Désormais, c'est lui, François Maucroix, qui possède le cilice dont se servait son ami. Il le conserve en l'héritage de celui qu'il a tant aimé.

Ce 19 avril 1695, à sept heures du soir, le chanoine François Maucroix se décida à rédiger une épitaphe autant pour inscrire sur papier l'hommage à l'ami de toute sa vie qu'afin de border et tenter de régler un peu son infini chagrin. Il tendit la main, saisit une plume d'oie parmi d'autres, ouvrit le couvercle de l'encrier d'un doigt, y trempa la pointe de la plume et, retenant jusqu'à son haleine, traça ces mots:

«Le 13 avril 1695, mourut à Paris mon très cher et très fidèle ami M. de La Fontaine: nous avons été amis plus de cinquante ans et je remercie Dieu d'avoir conduit l'amitié extrême que je lui portais jusqu'à une si grande vieillesse sans aucune interruption, ni aucun refroidissement, pouvant dire que je l'ai toujours tendrement aimé, et autant le dernier jour que le premier. Dieu, par sa miséricorde, le veuille mettre dans son saint repos. C'était l'âme la plus sincère et la plus candide que j'aie jamais connue; jamais de déguisement, je ne sais pas s'il a jamais menti en sa vie; c'était au reste un très bel esprit, capable de tout ce qu'il voulait entreprendre. Ses fables, au sentiment des plus habiles, ne mourront jamais et lui feront honneur dans toute la postérité. »

François Maucroix, qui avait croisé certaines de ses œuvres à celles de son ami dans *Ouvrages de prose et de poésie des sieurs Maucroix et de La Fontaine,* paru dix ans plus tôt chez Claude Barbin, survécut treize années à Jean de La Fontaine.

Le loup déjà se forge une félicité
Qui le fait pleurer de tendresse.
Chemin faisant il vit le col du chien pelé :
« Qu'est-ce là ? lui dit-il – Rien. – Quoi rien ? – Peu de chose.
– Mais encor ? – Le collier dont je suis attaché
De ce que vous voyez est peut-être la cause.
– Attaché ? dit le loup : vous ne courez donc pas
Où vous voulez ? – Pas toujours ; mais qu'importe ?
– Il importe si bien que de tous vos repas
Je ne veux en aucune sorte,
Et ne voudrais pas même à ce prix un trésor. »
Cela dit, maître loup s'enfuit, et court encor.

Le Loup et le Chien

Glossaire

Accessoire : Difficulté.
Accoisé : Apaisé.
Accommodé : À son aise, ayant assez de biens pour vivre.
Barbon : Vieillard qui condamne et qui empêche autant qu'il peut les plaisirs. Se dit de tous ceux, jeunes ou vieux, qui sont pédants, malpropres et bourrus.
Barbouiller : Salir sa réputation, se compromettre, se rendre ridicule.
Bélître : Gueux qui mendie par fainéantise.
Bellement : Doucement, lentement.
Bonneter : Multiplier les coups de chapeau.
Brouilleries : Désordres de nature politique.
Céans : Ici, dedans.
Cochet : Petit coq.
Conversable : Avec qui on peut converser facilement.
Coteau : Connaisseur du vin.
Débeller : Vaincre complètement.
Déduit : Divertissement.
Désert : Abandonné.
***Dies irae dies illa* :** Jour de colère que ce jour-là.
***Exaudi nos* :** Exauce-nous.
Fagots : Fadaises.
Faquin : Homme méprisable.
Fermé : Terminé.

Gentillâtre : Par raillerie et par mépris, pour dire un petit gentilhomme et dont on fait peu de cas.
Incontinent : Immédiatement.
Laudate : Louange.
Penard : Vieillard déplaisant.
Plumet : Celui qui porte des plumes.
Pouvoir : Possible.
Ramentevoir : Faire ressouvenir de quelque chose.
Ravauder : Rabâcher des niaiseries.
Respirer : Souhaiter ardemment.
Revancher : Rendre la pareille d'une injure, d'un mal qu'on a reçu.
Rhingrave : Haut de chausses très ample attaché par le bas avec des rubans.
Sabouler : Secouer sans ménagements, tourmenter.
Suspens : Incertitude.

Les définitions des mots anciens sont extraites du *Français classique*, lexique de la langue du XVIIe siècle, de Gaston Cayrou, chez Didier éditeur, 1948.

Table

au cherche **midi**

dans la collection **ROMAN, RÉCITS** et **NOUVELLES**

JEAN-GEORGES AGUER

Little Bighorn

Buffalo

Orange

LAKDHAR BELAÏD

World Trade Cimeterre

MEHDI BENCHELAH

Les Flamboyants de Gaza

Bassora Express

NATHALIE BLAISE

Des fleurs dans la tête

FRANÇOIS BOTT

Faut-il rentrer de Montevideo?

Vel'd'Hiv

La Traversée des jours

PIERRE BOULLE

L'Archéologue et le mystère de Néfertiti

L'Enlèvement de l'Obélisque

La Face

Le Bourreau

VIRGINIE BUISSON

Le Silence des otages

STÉPHANE CARLIER

Actrice

Grand amour

BERNARD CARTIER
Le Projet insensé

NICOLAS CHARBONNEAU
Deux ou trois fois rien

JEANNE CRESSANGES
Les Ailes d'Isis
Le Soleil des pierres

FRANÇOIS DAVID
Un joli mois de mai

RÉMY DELHOMME
Le Maître d'armes

SÉBASTIEN DOUBINSKY
Le Livre muet
Les Fantômes du soir

PIERRE DRACHLINE
Une enfance à perpétuité
L'Enchantée
Borinka

CHRISTIANE DUPUY
Le Petit-Fils de Lafcadio
L'Employée de maison

JEANNE FAIVRE D'ARCIER
Les Yeux de Cendre

RENÉ FALLET
Romans acides
Les Pieds dans l'eau

JEAN FAYARD
Une enfance en enfer

CHARBEL GHANEM

L'Organisation

JEAN GRANGEOT

La Perle rouge

SALAH GUEMRICHE

Un été sans juillet

ÉRIC GUILLOTTE

Novissima Verba

FRANK HENRY

Mauvaises nouvelles du milieu

Natchave!

Neuf et trois onze!

CLAIRE HUYNEN

Marie et le vin
Prix de la Première œuvre, 1999

Une rencontre

RICHARD JORIF

Qu'est-ce que la mort, Fourrure?

JEAN-JOSEPH JULAUD

Café grec

Camarón

PERCY KEMP

Le Vrai Cul du diable

PIERRE KYRIA

Le Partage des ombres

Pile-poil

Comtesse Lipska

JEAN-HUGUES LIME

Le Roi de Clipperton

La Chasse aux enfants

Mangareva

Comment je suis devenu Jacques Brel

CHRISTOPHE MAGER

L'Invasion des femmes grosses

FRANCA MAÏ

Momo qui kills

Jean-Pôl et la môme caoutchouc

Speedy Mata

L'Ultime Tabou

Pedro

L'Amour carnassier

Crescendo

JEAN MALAQUAIS

Coups de barre

FRANÇOIS MARCHAND

L'Imposteur

Plan social

THIERRY MARICOURT

Ne me tuez pas

ROGER MARTIN

Jusqu'à ce que mort s'ensuive

YVES MARTIN

Il faut savoir me remettre à ma place

WALLY MONTAY

Cinabre

INGRID NAOUR

Les Lèvres mortes

Le Syndrome d'Atlas

Un fils dans la tête

GÉRARD OBERLÉ

Nil rouge

Prix René Fallet, 2000

Pera Palas

Palomas Canyon

JEAN ORIZET

La Vie autrement

À l'ombre douce du temps

ALAIN PAGE

Je suis rien

AGNÈS PAVY

Fétiches

CHANTAL PELLETIER

Le Squat

PIERRE PERRIN

Une mère

Le cri retenu

JEAN-CLAUDE PIROTTE

Mont Afrique

YVES POURCHER

Le Rêveur d'étoiles

CLAUDE PUJADE-RENAUD

DANIEL ZIMMERMANN

Septuor

MAURICE RAJSFUS

Le Chagrin et la Colère

SERGE REZVANI

Le Dresseur

GHISLAIN RIPAULT

Exécutions intimes

HUGUES ROYER

Ma mère en plus jeune

Daddy blues

FRÉDÉRIC ROUX

Le Désir de guerre

VINCENT ROY

L'Instant désiré

BORIS SCHREIBER

Un silence d'environ une demi-heure
Prix Renaudot, 1996

Hors les murs

L'Excavatrice

La Douceur du sang

Faux titre

JOËL SÉRIA

Sombres fantômes

Les Galettes de Pont-Aven

PHILIPPE TABARY

Disparu en zone interdite

FRANÇOIS THIBAUX

Notre-Dame des Ombres
Prix Paul-Léautaud, 1997

JEAN-MAX TIXIER

Le Jardin d'argile

Prix Antigone, 1998

L'Homme chargé d'octobres

BRICE TORRECILLAS

L'Ombre et le Fard

MARC TRILLARD

De sabres et de feu

JACQUES VALLET

L'Endormeuse

VIVIANE VILLAMONT

Une femme irréprochable

ÉRIC YUNG

Un silence coupable

DANIEL ZIMMERMANN

L'Anus du monde

Le Gogol

Les Morts du lundi

Les Chats parallèles

suivi de

La Légende de Marc et Jeanne

L'Ultime Maîtresse

AHMED ZITOUNI

Une difficile fin de moi

Valère
Staraselski
Nuit d'hiver
Terre de poche
De Borée

Mis en pages par DV Arts Graphiques à La Rochelle.
Imprimé en France par CPI Bussière
à Saint-Amand-Montrond (Cher)
N° d'édition : 1938/02 – N° d'impression : 113039/1.
Dépôt légal : juin 2011.
ISBN 978-2-7491-1938-0